## Eckhard Berger

# *K U N S T to go*

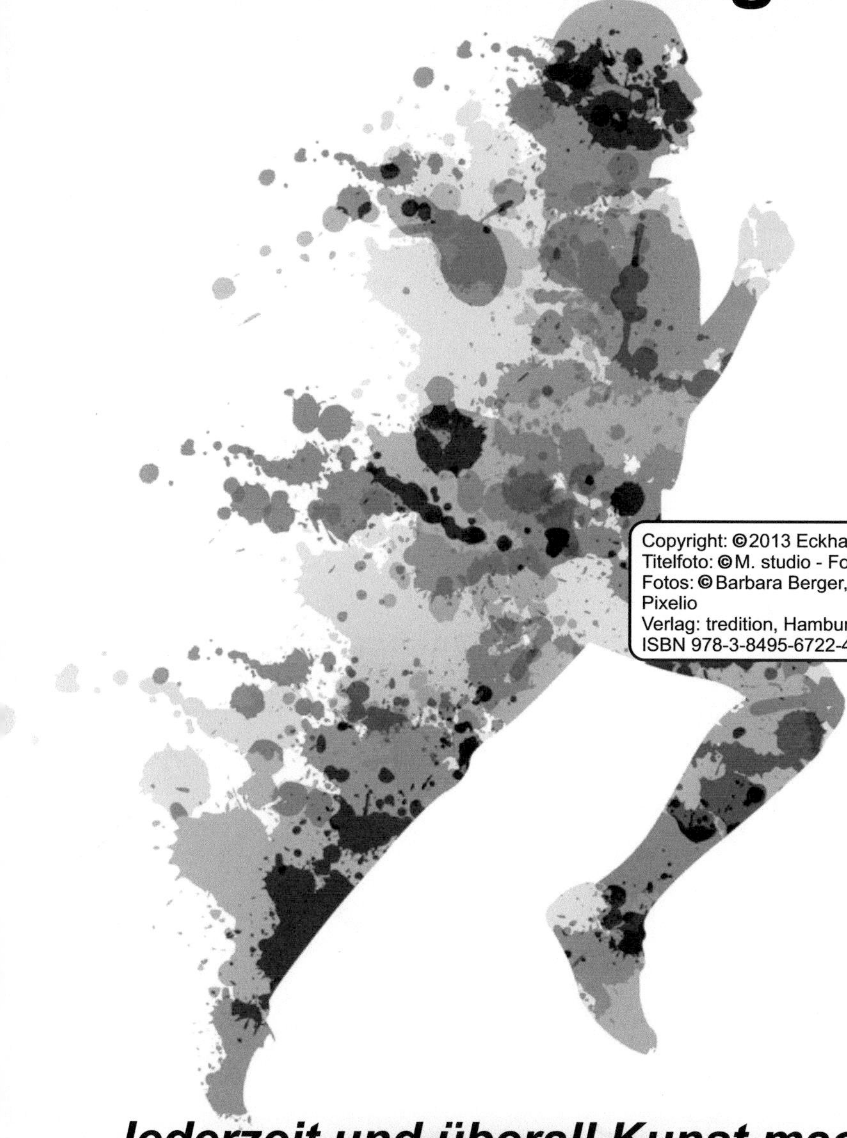


Titelfoto: ©M. studio - Fotolia
Fotos: © Barbara Berger, Manfred Röben, Pixelio
Verlag: tredition, Hamburg
ISBN 978-3-8495-6722-4

## *Jederzeit und überall Kunst machen*

**Die neue Kunstpraxis für 10- bis 100-jährige**

# K U N S T to go *Jederzeit und überall Kunst machen*



***Kunstmutbuch - 10- bis 100-jährige werden garantiert Künstler***
***teamberger***

# ***K U N S T to go*** *Jederzeit und überall Kunst machen*

Ich gratuliere dir zu dem Buch ***K U N S T to go - Jederzeit und überall Kunst machen*** und garantiere dir, dass du bereits nach der Bearbeitung von nur wenigen Seiten überrascht und begeistert sein wirst!

Vielleicht bist du zuerst kritisch, möchtest das Buch aus der Hand legen und denkst mehr oder weniger so: „Tut mir leid, ich bin künstlerisch nicht begabt. Das können nur Genies mit einem speziellen Talent, Leonardo da Vinci oder aber Pablo Picasso. Außerdem bin ich zu alt oder vielleicht noch zu jung und Zeit habe ich auch nicht ...“

Auf Grund meiner jahrelangen Erfahrung als Künstler, Kunstpädagoge und Autor zahlreicher Bücher und Publikationen weiß ich, dass jeder Kunst machen kann. Joseph Beuys bestätigte, dass jeder Mensch ein Künstler* ist. Vertraue mir und befreie dich von jeglichem Denken mit Vorbehalten, von Zurückhaltung, Ängstlichkeit, Perfektionswillen und Ansprüchen. Du brauchst keine akademische Ausbildung, keinen traditionellen Schulkunstunterricht, keine Volkshochschulkurse, keinen Ratschlag aus den besserwissenden Büchern oder gar von lautstarken Kunstideologen oder Superkünstlern, keine Kenntnisse von Anatomie, Proportion, Komposition, Farbe oder Mal- und Zeichentechniken.

Es ist egal, ob du 10 oder 100 Jahre** alt bist. Sei einfach authentisch, spontan, unbefangen und entdecke die Lust an deiner Kreativität. Die Aufgaben nach einem neu entwickelten Konzept lösen Erstaunliches in dir aus und machen dir deine Kunstfähigkeiten sehr schnell bewusst. Ich garantiere dir, dass du dich ganz neu entdecken wirst. Hast du erst einmal den Anfang gemacht, entsteht in dir eine wahre Kunstlawine mit fantastischen und ideenreichen Bildwelten. Alle Ergebnisse sind richtig und gelten.

***K U N S T to go - Jederzeit und überall Kunst machen*** heißt, die Kunstaufgaben zu bearbeiten, morgens, mittags, abends oder zwischendurch, wann immer du Zeit hast und es willst. Mein sehr berühmter holländischer Künstlerkollege hat sich die Nachtzeit für sein bewundernswertes Schaffen ausgewählt und ich selbst jede Zeit zwischendurch.

Auch benötigst du kein Atelier, keine Werkstatt und kein Arbeitszimmer. Du kannst in dem Buch überall arbeiten, drinnen oder draußen und sitzend, stehend, gehend oder liegend. Benutze es, wo immer du willst, zum Beispiel in der Schule, während der Arbeitspause oder der Freizeit zu Hause und unterwegs, in den Ferien oder im Urlaub, im Wartezimmer, beim Schlangestehen im Supermarkt, im Auto, im Bus, im Zug, in der U-Bahn, auf dem Schiff, im Flieger, auf der Zuschauerbank, während einer Kaffeetafel oder einer Fernsehsendung. Ein Kugelschreiber oder ein Bleistift reichen bereits aus, um einfach loszulegen.

Trage das Buch, das du mögen und schätzen wirst, immer wie deine Geldbörse oder dein Handy bei dir, damit du jederzeit und überall deine Aufgaben ***K U N S T to go*** machen kannst. Mach es zu deinem Begleiter.

Zeige deine Ergebnisse anderen und berichte von deiner Kunstarbeit.

Ich wünsche dir viel Spaß mit ***K U N S T to go - Jederzeit und überall Kunst machen***.

***Eckhard Berger***

* Alle Menschen sind gleich. Aus Vereinfachungsgründen wurde die männliche Form gewählt.
** Über 100-jährige können das Buch ***K U N S T to go - Jederzeit und überall Kunst machen*** als Geschenk bei mir anfragen.

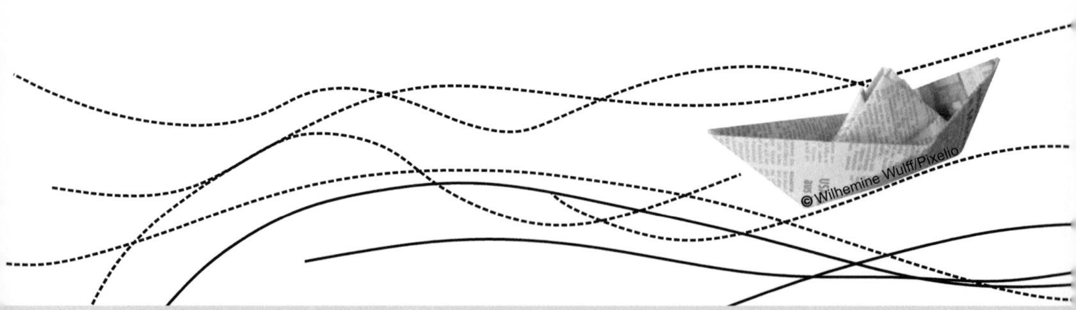


***Träume von den Wellen im Meer**. Zeichne die Strichlinien nach und ergänze weitere Linien in fantasievoll geschwungenen Formen bis an den Blattrand oben. Zeichne auch Fische dazu und falte Papierschiffchen und klebe sie auf die Wellen. Danach erlebst du ein wunderschönes Gefühl von Urlaub oder Ferien am Meer.*

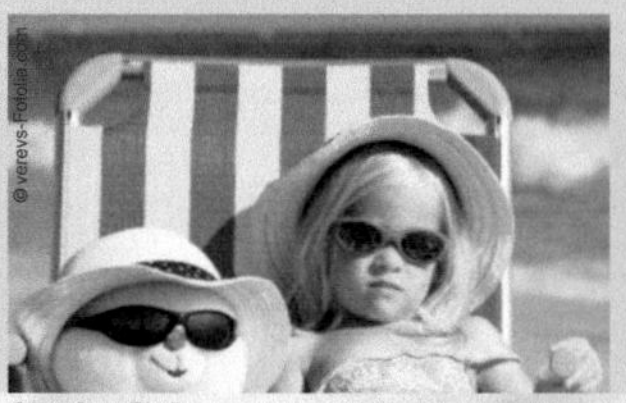



*Stelle dir vor, die Sonne scheint, du bist ein kleines Kind, du liegst am Meer und* ***du hörst die Wellen****. Eine Welle ist dabei, die besonders schön und lange klingt. Du erinnerst dich noch heute an sie. Ich habe bereits ihren Anfang gezeichnet. Setze sie fantasievoll über die gesamte Fläche nach oben und unten bunt oder einfarbig fort. Zeichne zuvor die Strichlinien nach.*

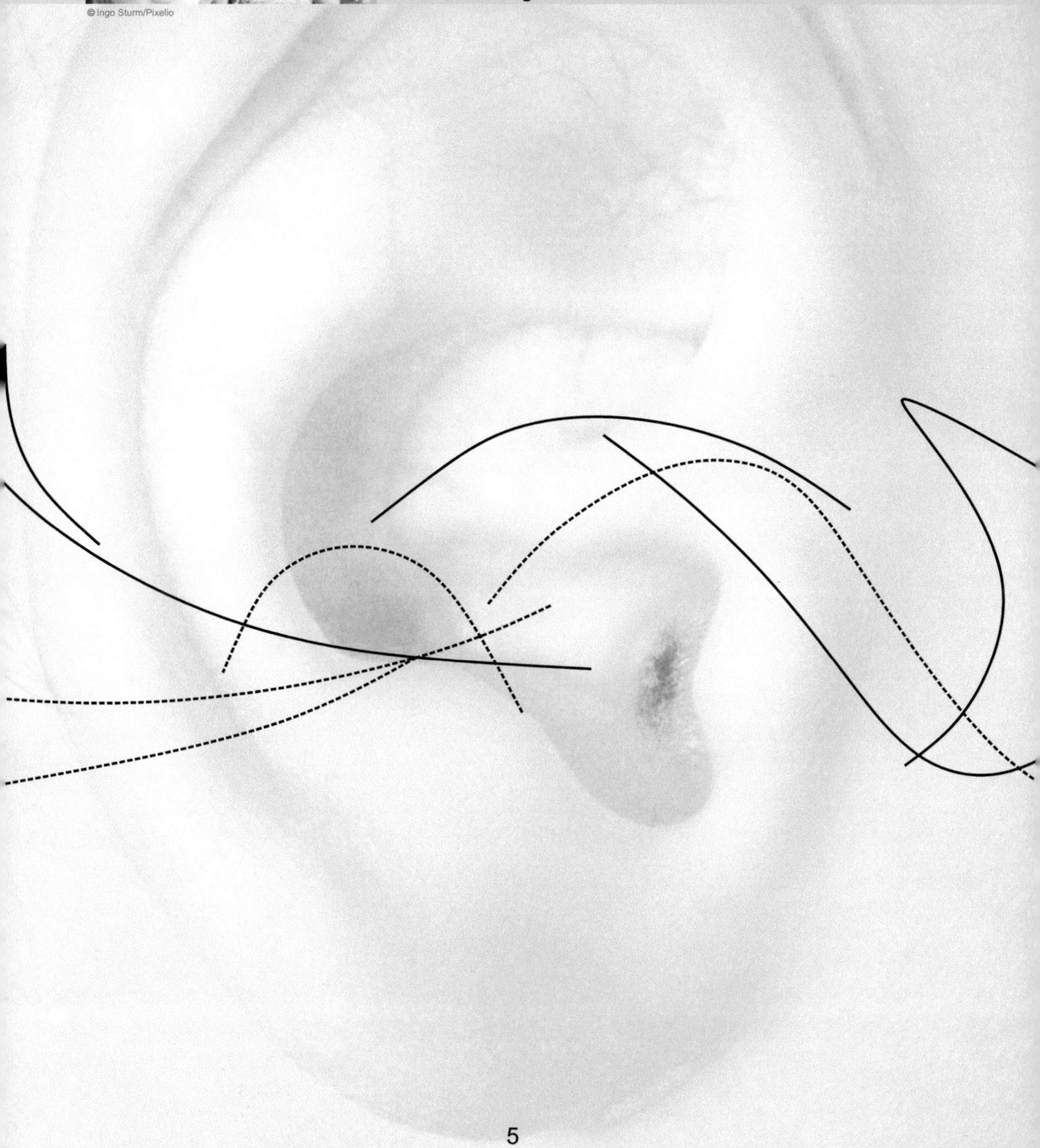

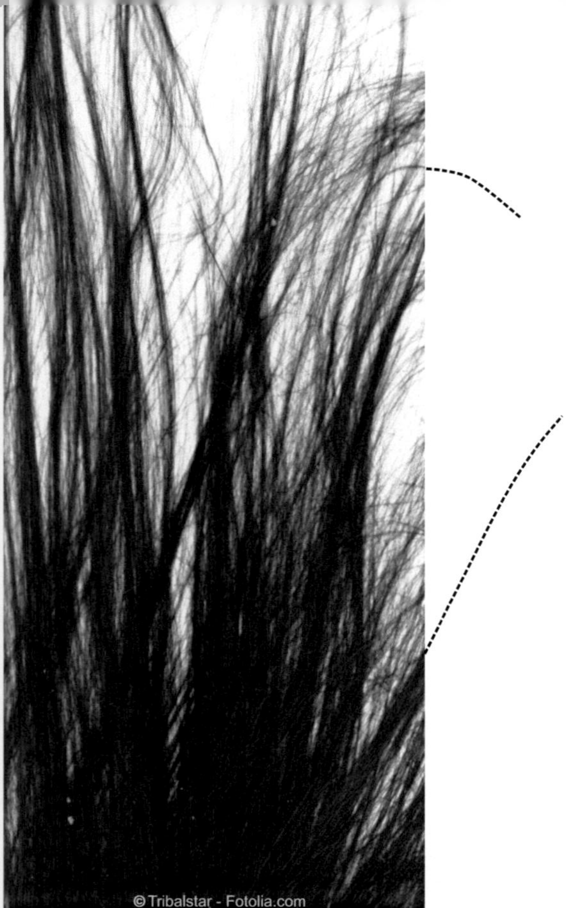


*Zeichne mit einem sehr dünnen Stift unendlich viele Haare bis zum rechten Rand dazu. Fertig ist dein **haariges Kunstwerk**!*

*Du benötigst Haare - einzeln oder als Büschel vom Kopf oder anderswoher - von deinem Haustier, deinem Freund oder deiner Freundin, deinen Eltern oder deinen Großeltern, deinen Nachbarn, deinen Lehrern, deinem Frisör oder von dir selbst. Befestige die Haare mit Klebstoff oder durchsichtigen Klebestreifen in dem hier abgebildeten oder in einem echten Rahmen. Fertig ist dein* ***haariges Kunstwerk****.*

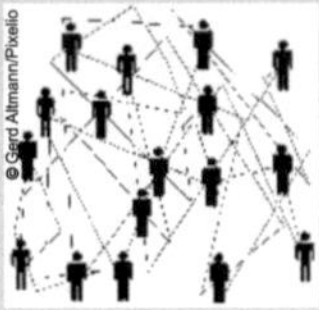


*Bleib nicht allein. Schaffe dir* ***dein Kunstnetzwerk****. Verbinde mit geraden Strichen so viele der abgebildeten Menschen miteinander, wie du es willst. Die zwischen den Strichen entstehenden Flächen darfst du dann mit vielen Farben oder Mustern gestalten. Du wirst staunen, wie interessant dein persönliches Kunstnetzwerk aussieht.*

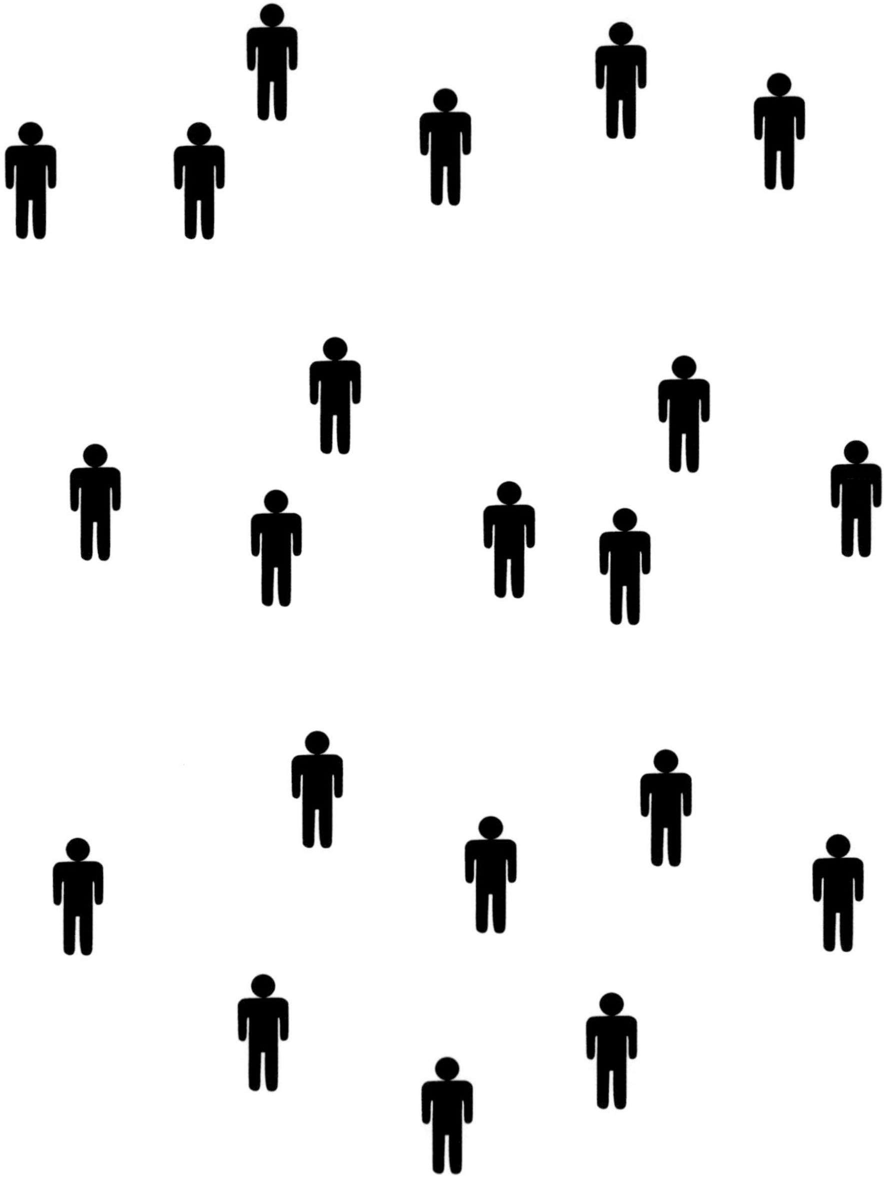

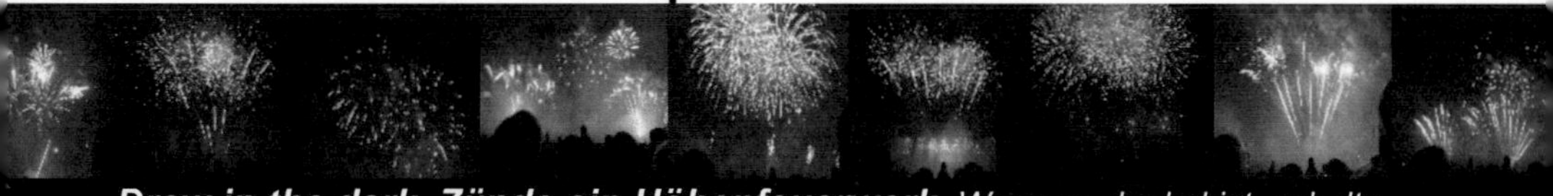

***Draw in the dark. Zünde ein Höhenfeuerwerk**. Wenn es dunkel ist, schalte einmal das Licht aus und zeichne hier mit den Farbstiften ein Feuerwerk mit allen Arten von Linien und Punkten, die dir einfallen. Mache das Licht erst an, wenn du fertig bist. Ich garantiere dir, dass du ein einmaliges Kunst- und Feuerwerk siehst.*

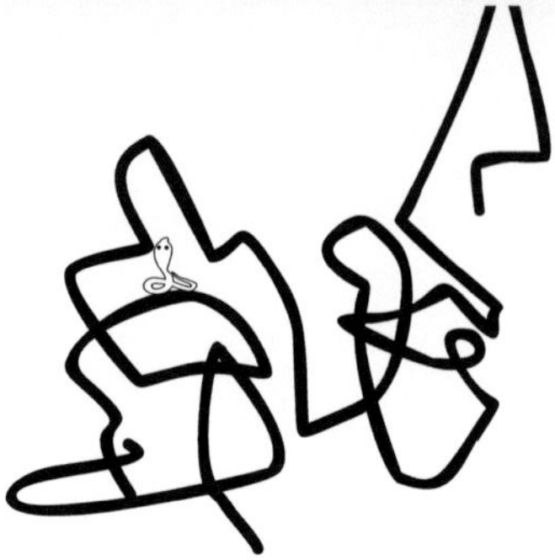

***Zeichne und zeichne*** *über die gesamte Fläche weiter und finde die Schlange.*

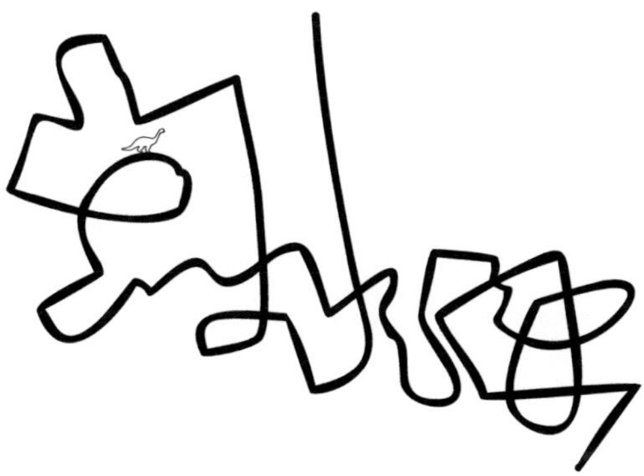

***Zeichne und zeichne** über die gesamte Fläche weiter und finde den Dinosaurier.*

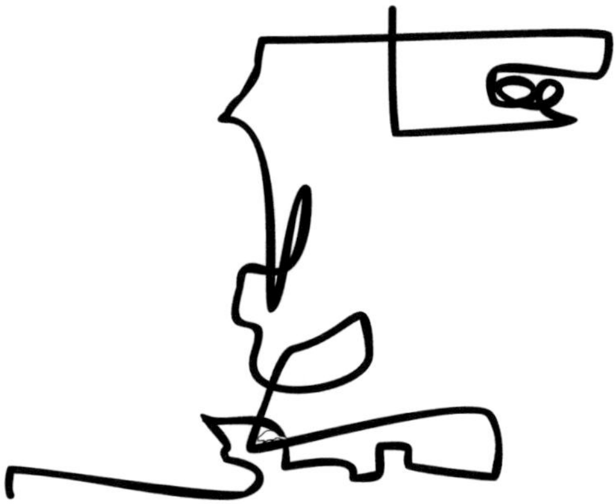

***Zeichne und zeichne** über die gesamte Fläche weiter und finde den Biber.*

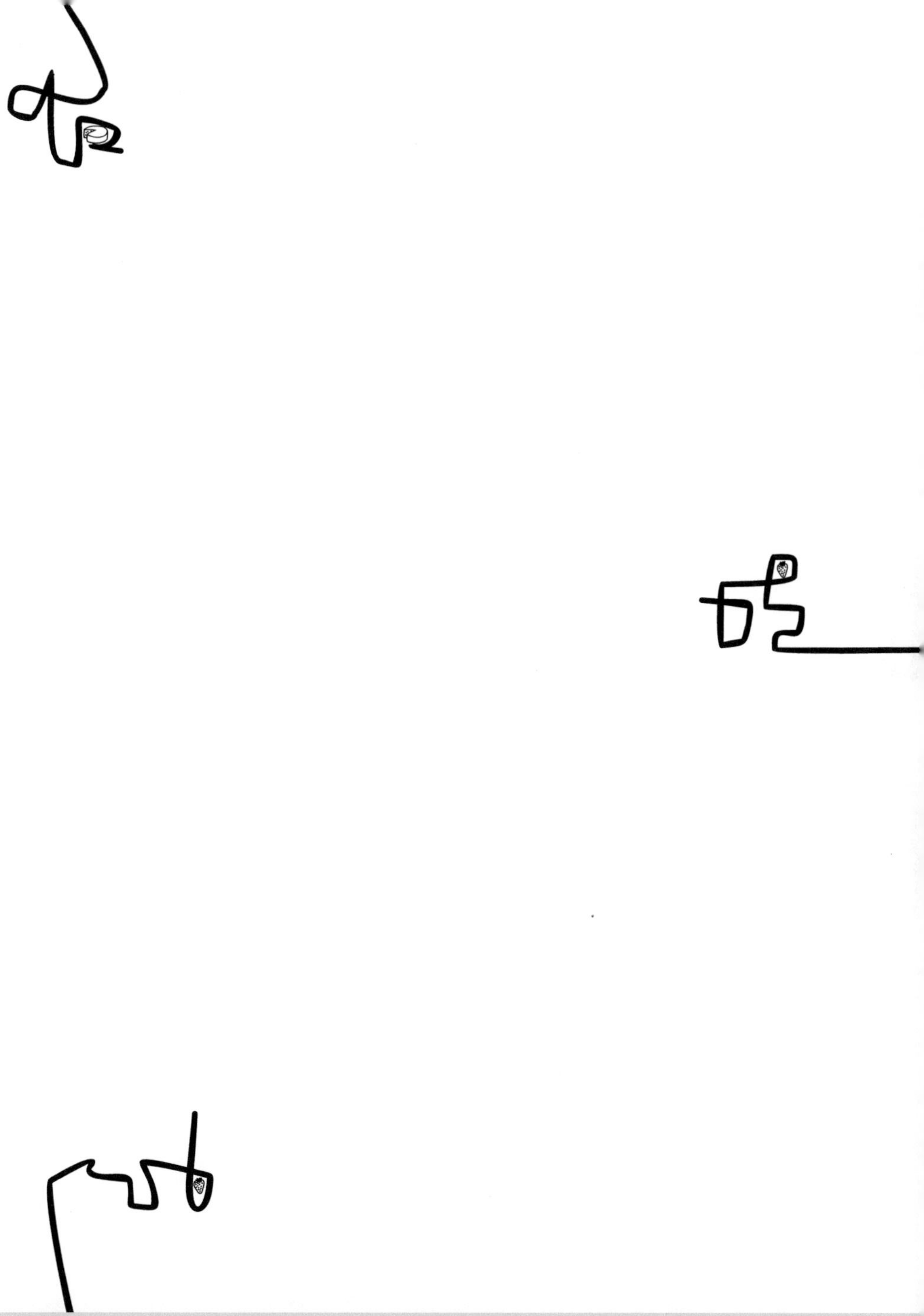

***Zeichne zusammen, was zusammengehört.*** *Zeichne die drei Linien weiter und fülle damit die gesamte Fläche. Finde auch die zwei Erdbeeren und den Käse.*

*Zeichne dazu, was du willst, sodass hier* ***ein ganzes Bild*** *entsteht.*

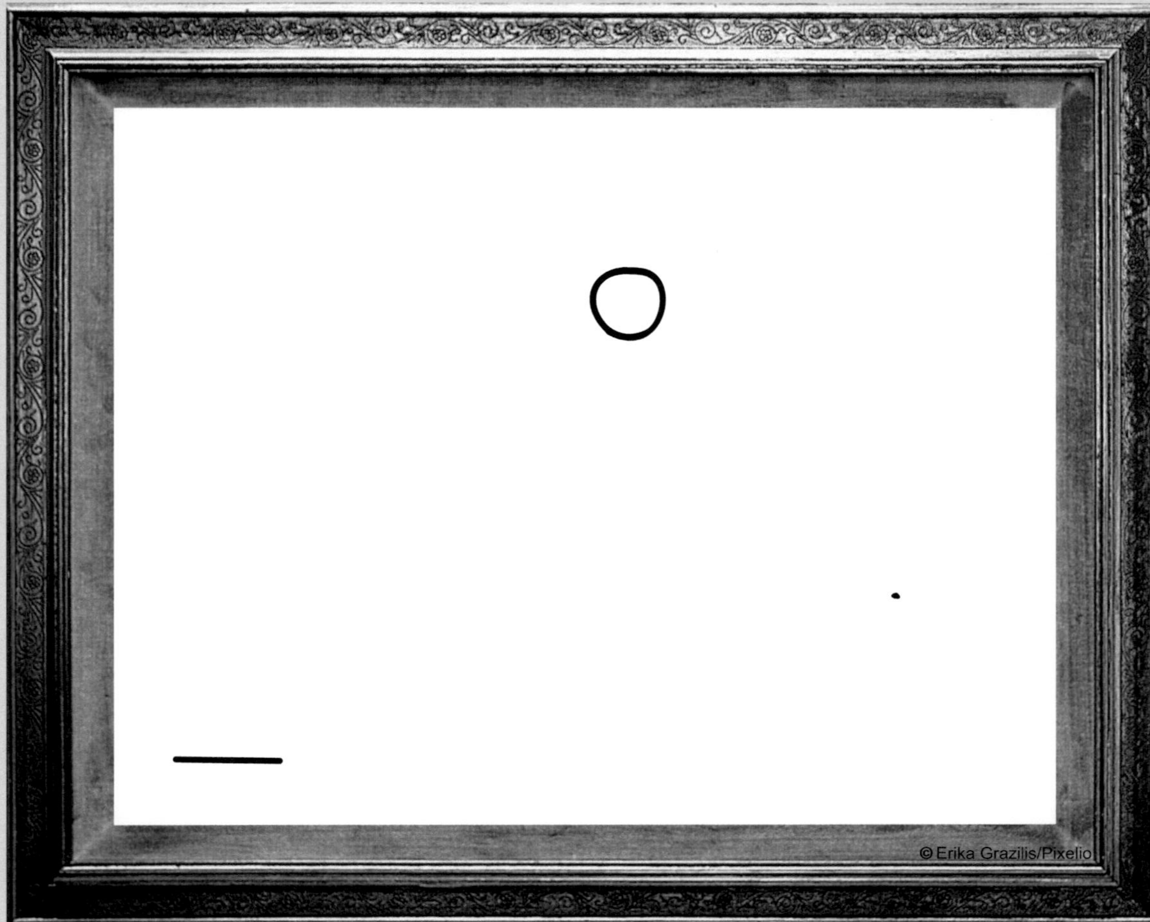

***Mittelpunkt oder Flohschiss***. *Mach etwas daraus. Finde den Täterfloh.*

***Kritzel tierisch**, wie es dir in den Sinn kommt. Dabei wirst du schnell Zoodirektor.*

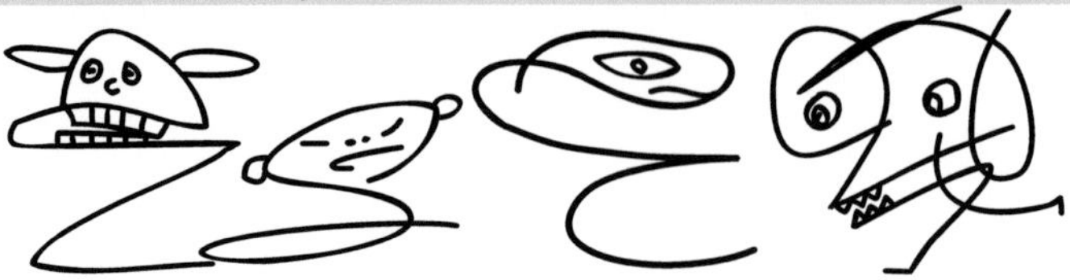

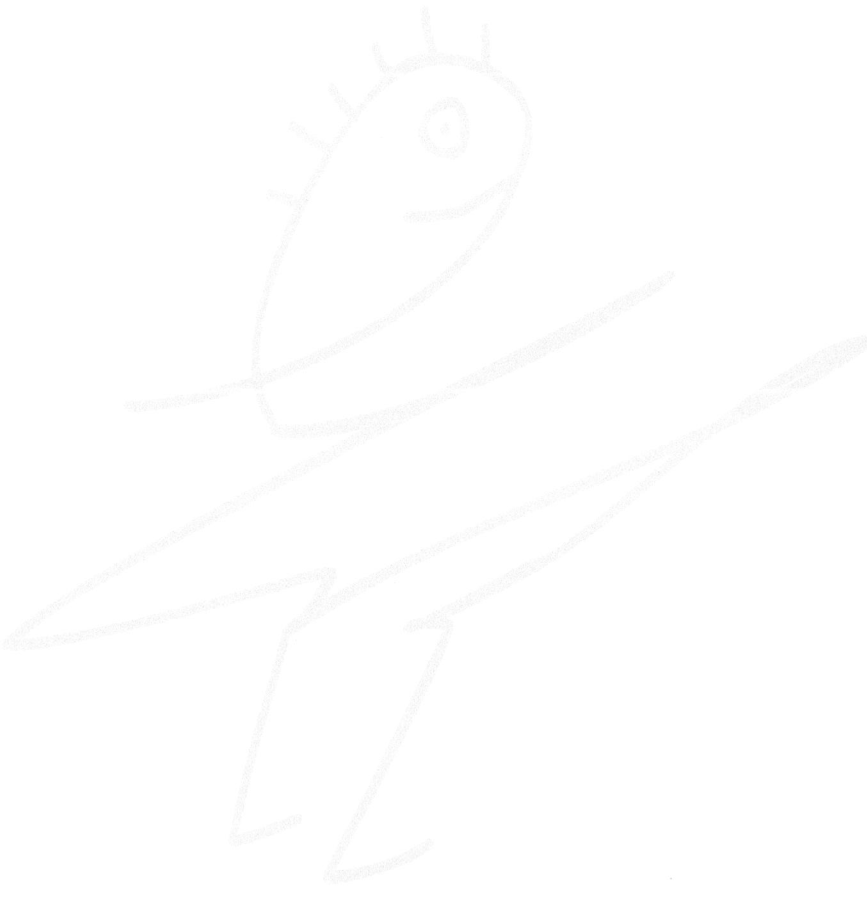

***Kritzle pflanzlich**, wie es dir in den Sinn kommt. Dabei wirst du schnell Botaniker.*

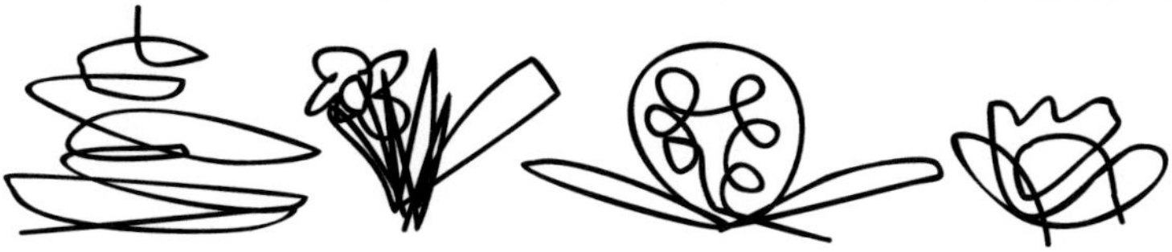

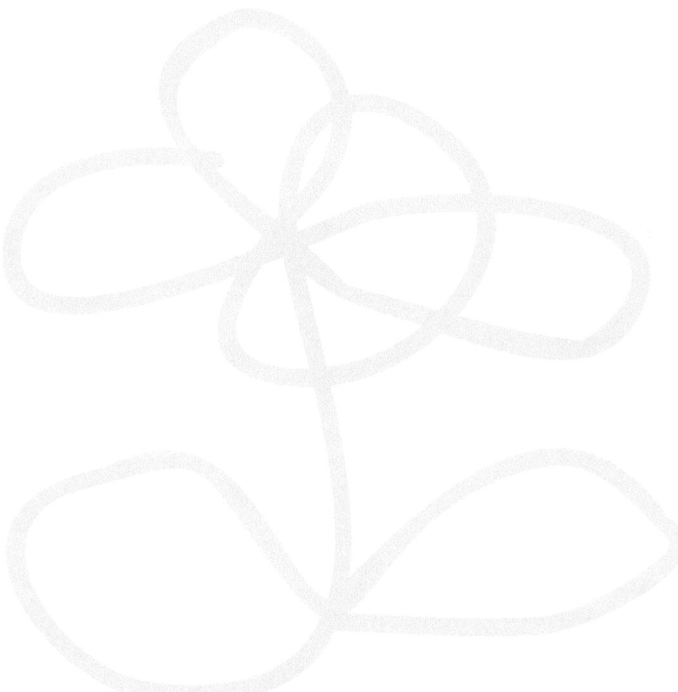

*Mache mit bei meiner großen Kunstaktion* ***Smiley to go. Landesweit für mehr Lächeln sorgen****. Zeichne, kritzel, male und gestalte jederzeit und überall einfache Smileys. Du wirst erleben, dass beim Anblick deiner Smileys die Leute wieder mehr lächeln und dir dankbar sind. Hier siehst du die ersten Beispiele. Wenn du es willst, schick mir auch deine Fotos. Die besten veröffentliche ich in einem weiteren Buch.*

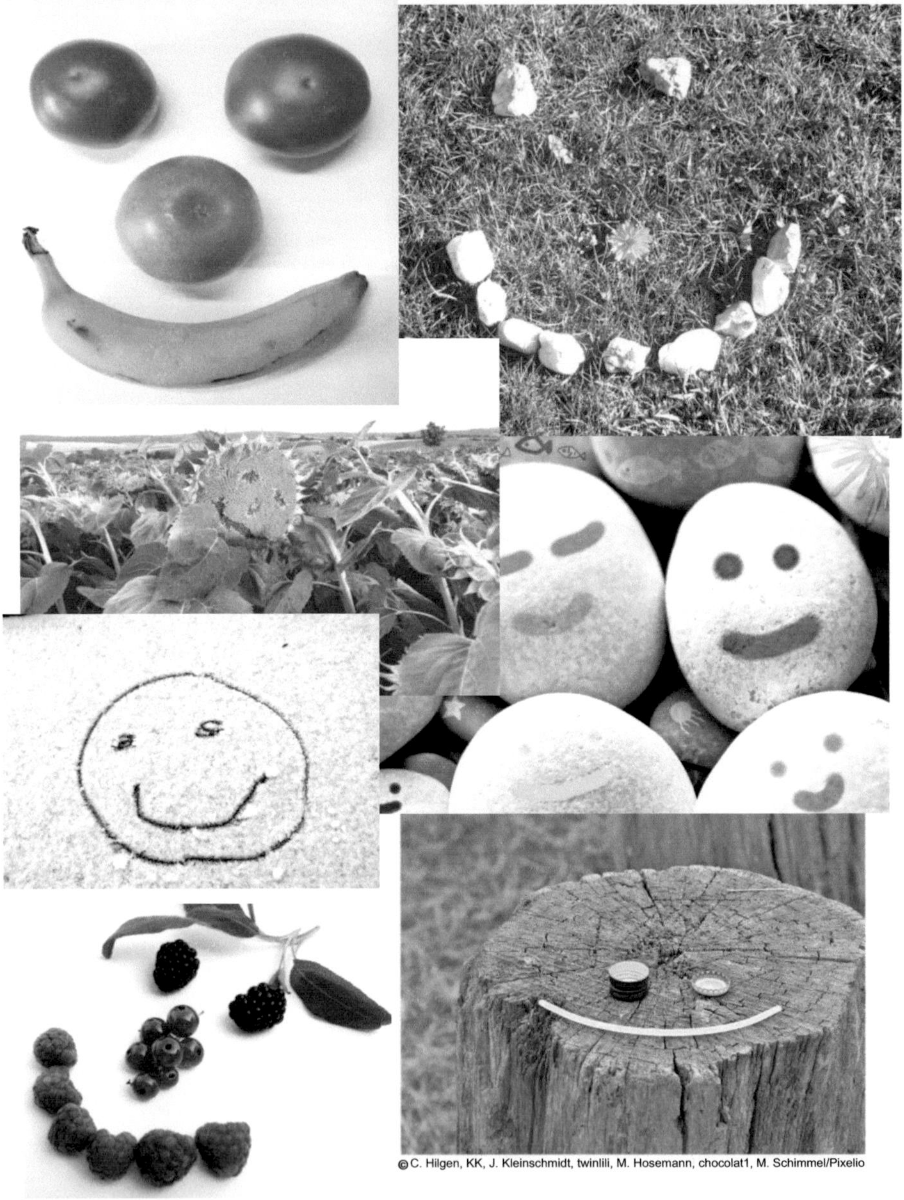

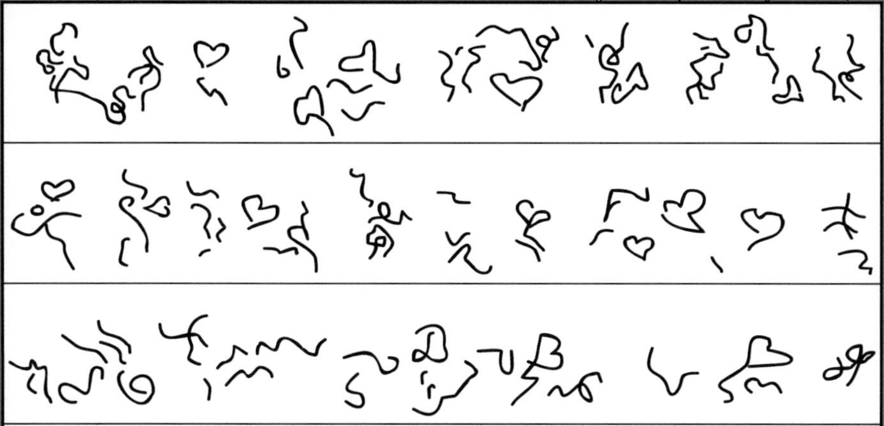

**_Linus schreibt Lilli einen linierten Liebesbrief_**. *Schreibe ihn weiter und erzähle nur von dir ausgewählten lieben Menschen, was da geschrieben steht.*

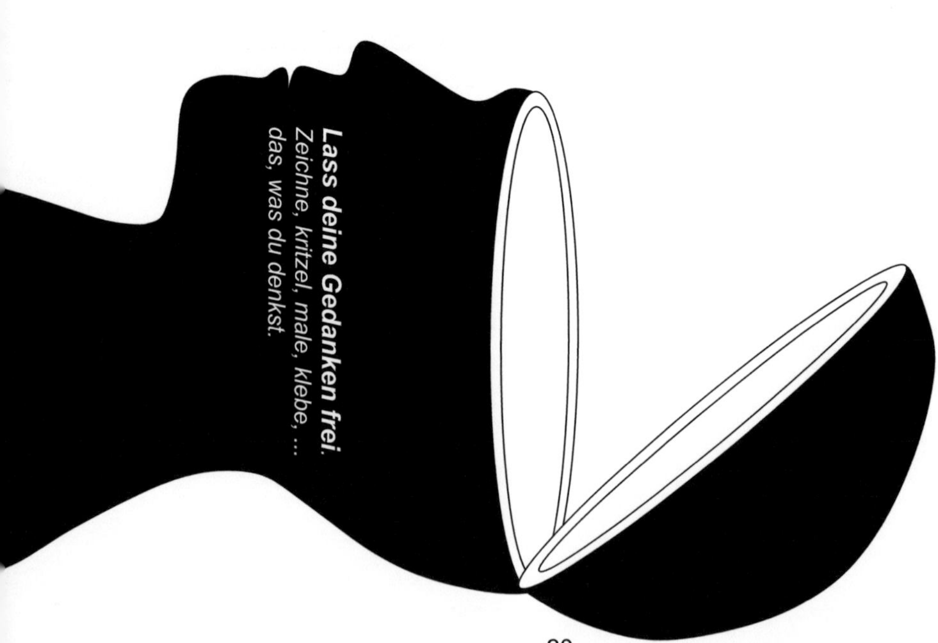

**Lass deine Gedanken frei.**

*Zeichne, kritzel, male, klebe, …*
*das, was du denkst.*

***Ich fordere offene***
***Kritzelkabinen in der Öffentlichkeit****, da Menschen immer Lust und Freude am Kritzeln haben. Solange es sie nicht gibt, kritzel hier, auf Zeitungsrändern, Tapeten, Böden und sonst wo - was du willst.*

***Blasen, Blasen, unzählige Blasen**. Zeichne sie bis an die Papierränder weiter und male einige an, bis sich ein scheinbarer Traum vor deinen Augen entwickelt.*

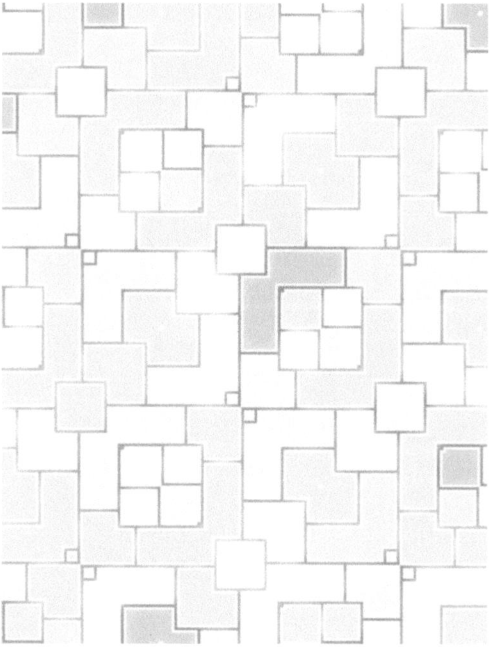

*Zeichne das **Quadratmuster** bis an den Blattrand weiter und male es an.*

***Scherben! Wo ist der Täter?*** *Glaube mir, es ist wieder der Elefant gewesen, der im Porzellanladen alles kaputt gemacht hat. Du wirst ihn sicherlich schnell finden. Umfahre danach die Scherben mit einem Stift und male alle oder einige bunt an.*

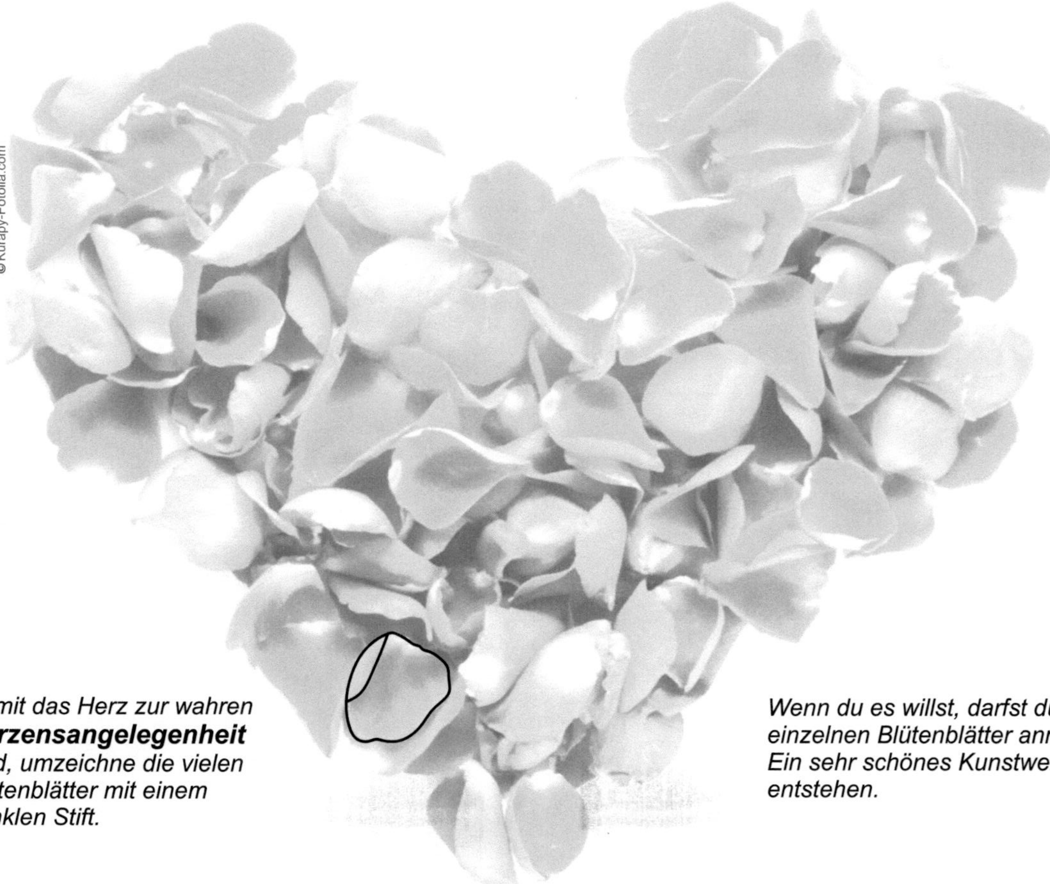



*Damit das Herz zur wahren* ***Herzensangelegenheit*** *wird, umzeichne die vielen Blütenblätter mit einem dunklen Stift.*

*Wenn du es willst, darfst du die einzelnen Blütenblätter anmalen. Ein sehr schönes Kunstwerk wird entstehen.*

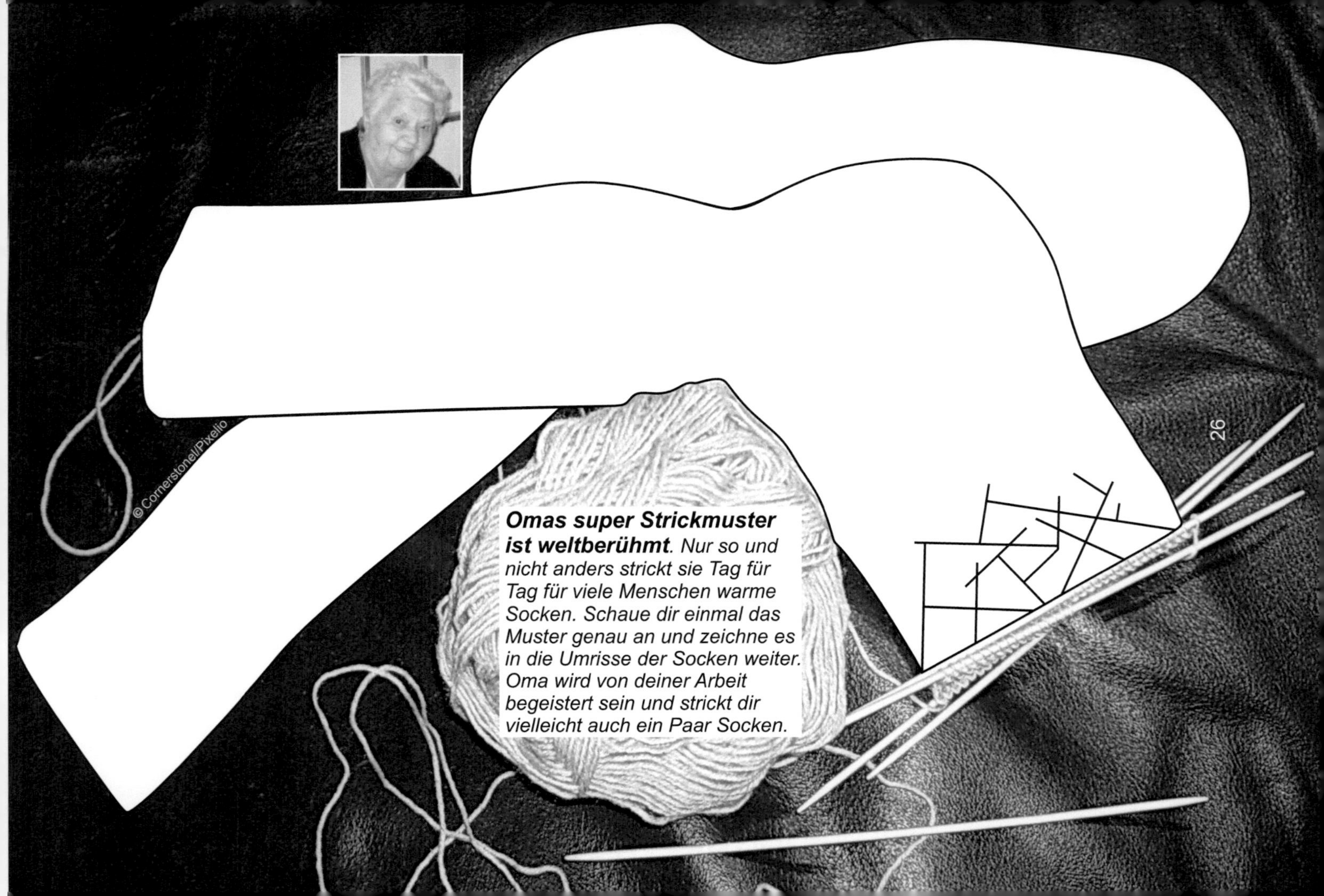


***Omas super Strickmuster ist weltberühmt****. Nur so und nicht anders strickt sie Tag für Tag für viele Menschen warme Socken. Schaue dir einmal das Muster genau an und zeichne es in die Umrisse der Socken weiter. Oma wird von deiner Arbeit begeistert sein und strickt dir vielleicht auch ein Paar Socken.*

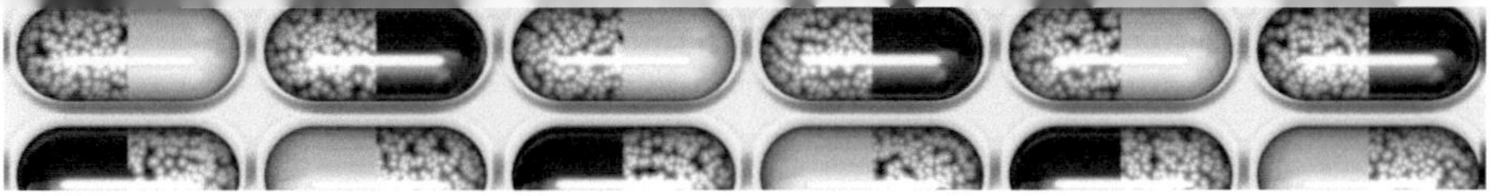

*Glaube mir, nicht dem Arzt oder Apotheker,* ***Kunstpillen****, wie sie hier angeboten werden,* ***sind gesund****. Sie fördern deine Kreativität und machen dich zu einem Künstler und sind ohne irgendeine Nebenwirkung. So gebrauchst du sie: Zeichne ihre Umrisse Reihe für Reihe bis an den Blattrand unten weiter. Male die eine Hälfte der Pillen einfarbig an und gestalte die andere Hälfte mit einem Muster aus Punkten und/oder Strichen. Beachte bitte, dass jede Pille ein anderes Aussehen haben soll.*

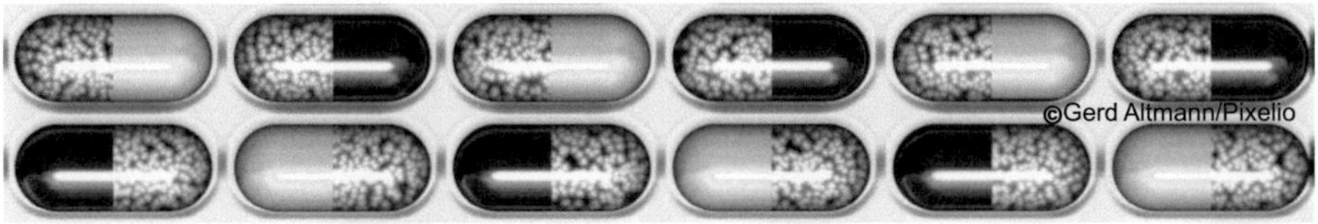
©Gerd Altmann/Pixelio

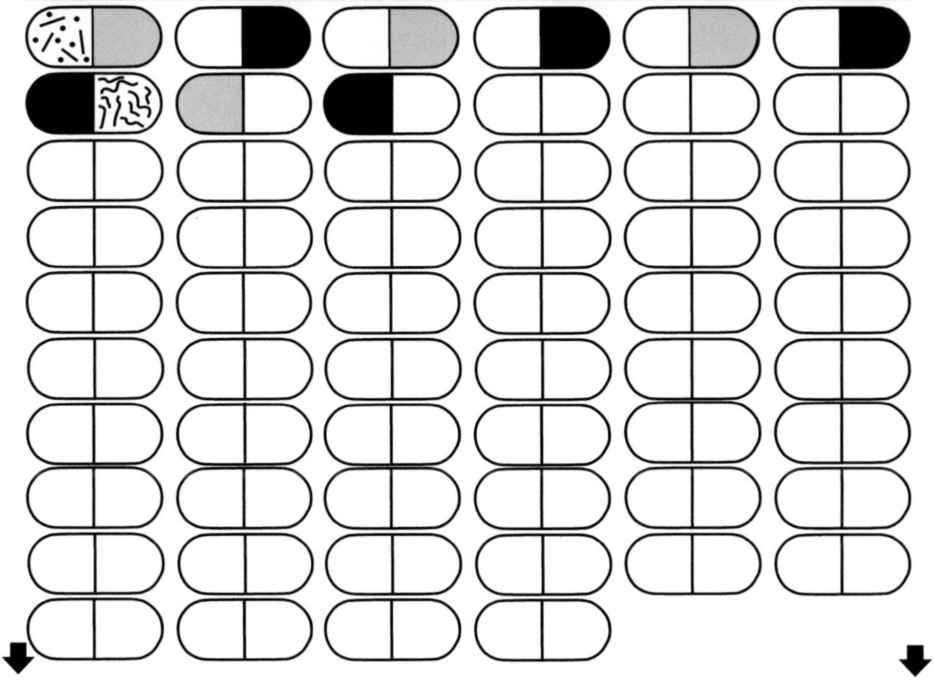

***Eine gute alte Ostersitte ist, Eier anzumalen***. *Hier findest du sie in mehreren unterschiedlichen Formen. Lege für jede Form eine bestimmte Farbe fest. Wenn du dann mit deinen Farbstiften alle Eier genau anmalst, wirst du bald feststellen, dass sie in einer sich wiederholenden Reihenfolge geordnet sind. Ich anerkenne gerne deine Fleißarbeit mit dem Titel* ***Eierkünstler***.

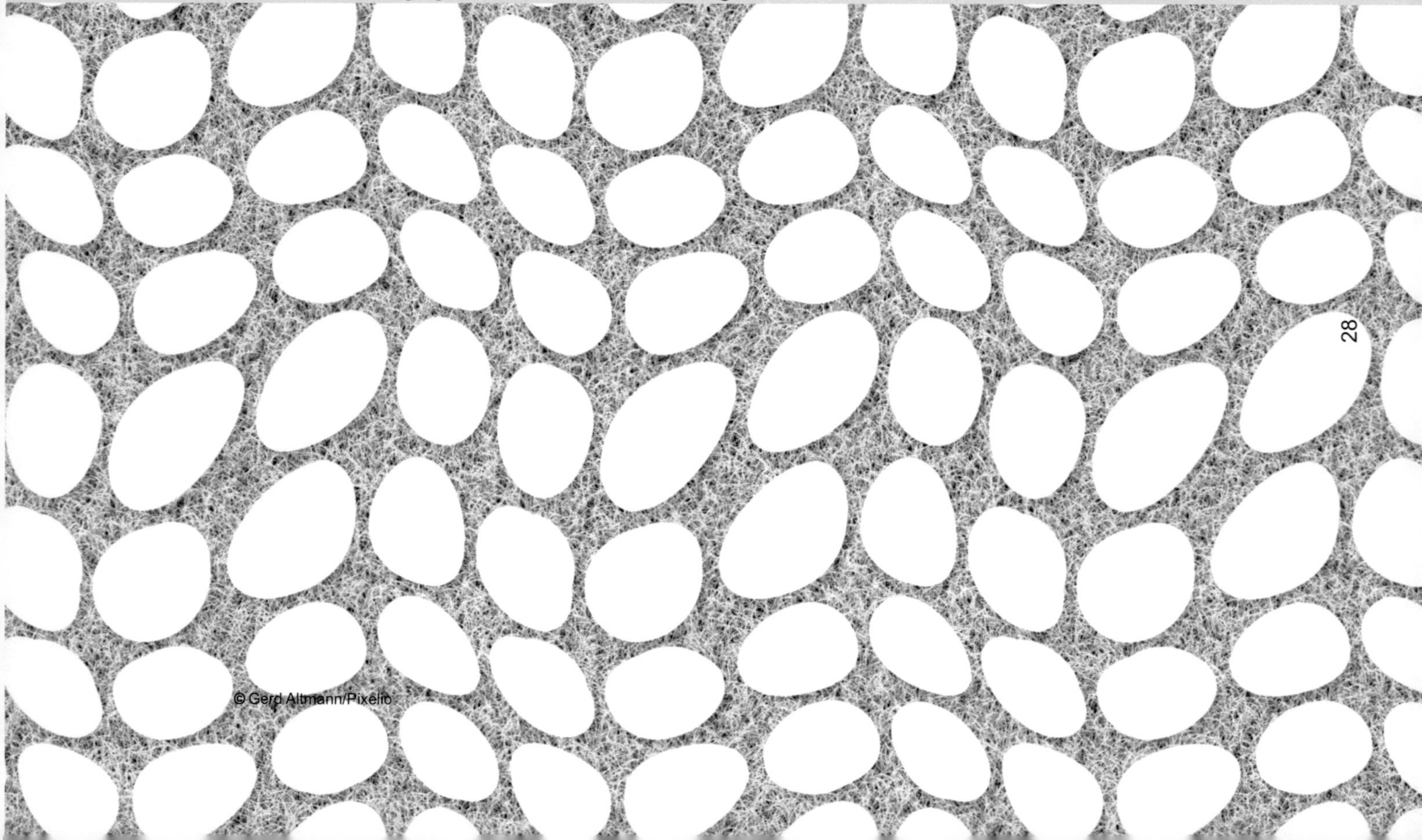

*Hat der Hahn* ***ein Überraschungsei*** *gelegt? Zeige, was darin ist. Male ihn an.*

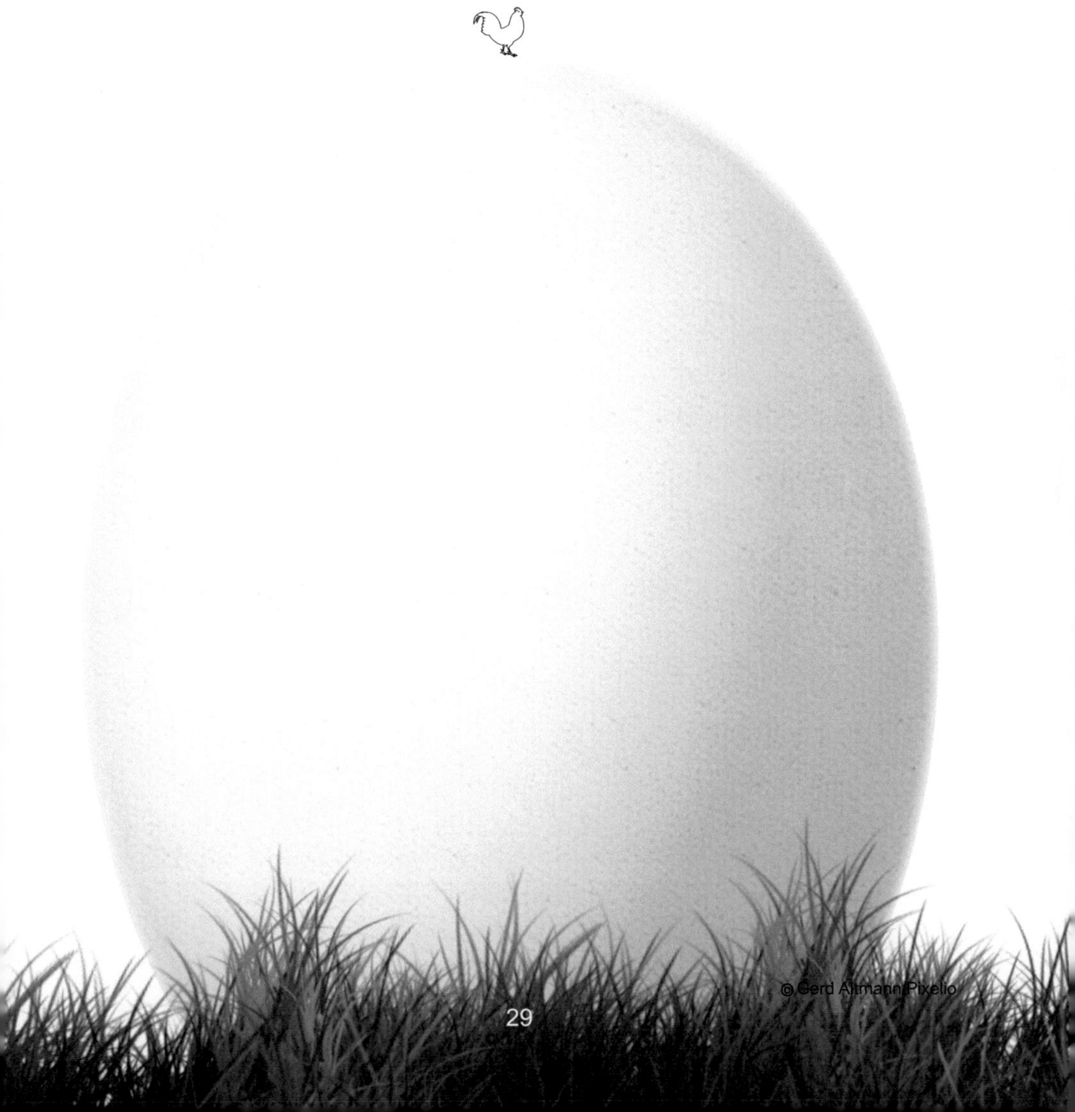

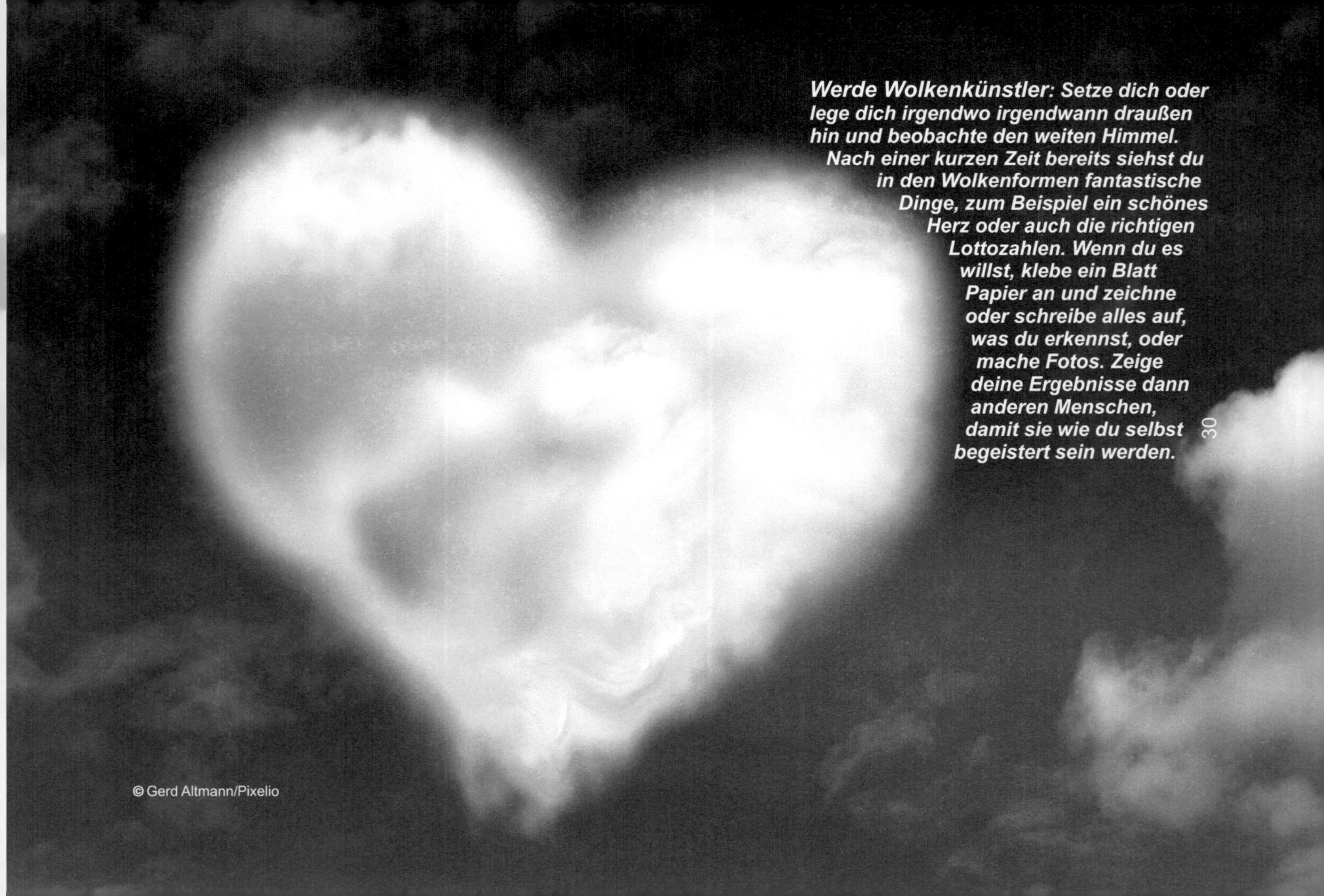

***Werde Wolkenkünstler:*** **Setze dich oder lege dich irgendwo irgendwann draußen hin und beobachte den weiten Himmel. Nach einer kurzen Zeit bereits siehst du in den Wolkenformen fantastische Dinge, zum Beispiel ein schönes Herz oder auch die richtigen Lottozahlen. Wenn du es willst, klebe ein Blatt Papier an und zeichne oder schreibe alles auf, was du erkennst, oder mache Fotos. Zeige deine Ergebnisse dann anderen Menschen, damit sie wie du selbst begeistert sein werden.**

*Gehe, laufe oder renne und finde deine Geschwindigkeit. Nimm dann dieses Buch, einen Stift und zeichne, zeichne und zeichne dabei, was du siehst, alles oder etwas, übereinander oder nebeneinander, deutlich oder undeutlich.* ***Kunst to go*** *entsteht.*

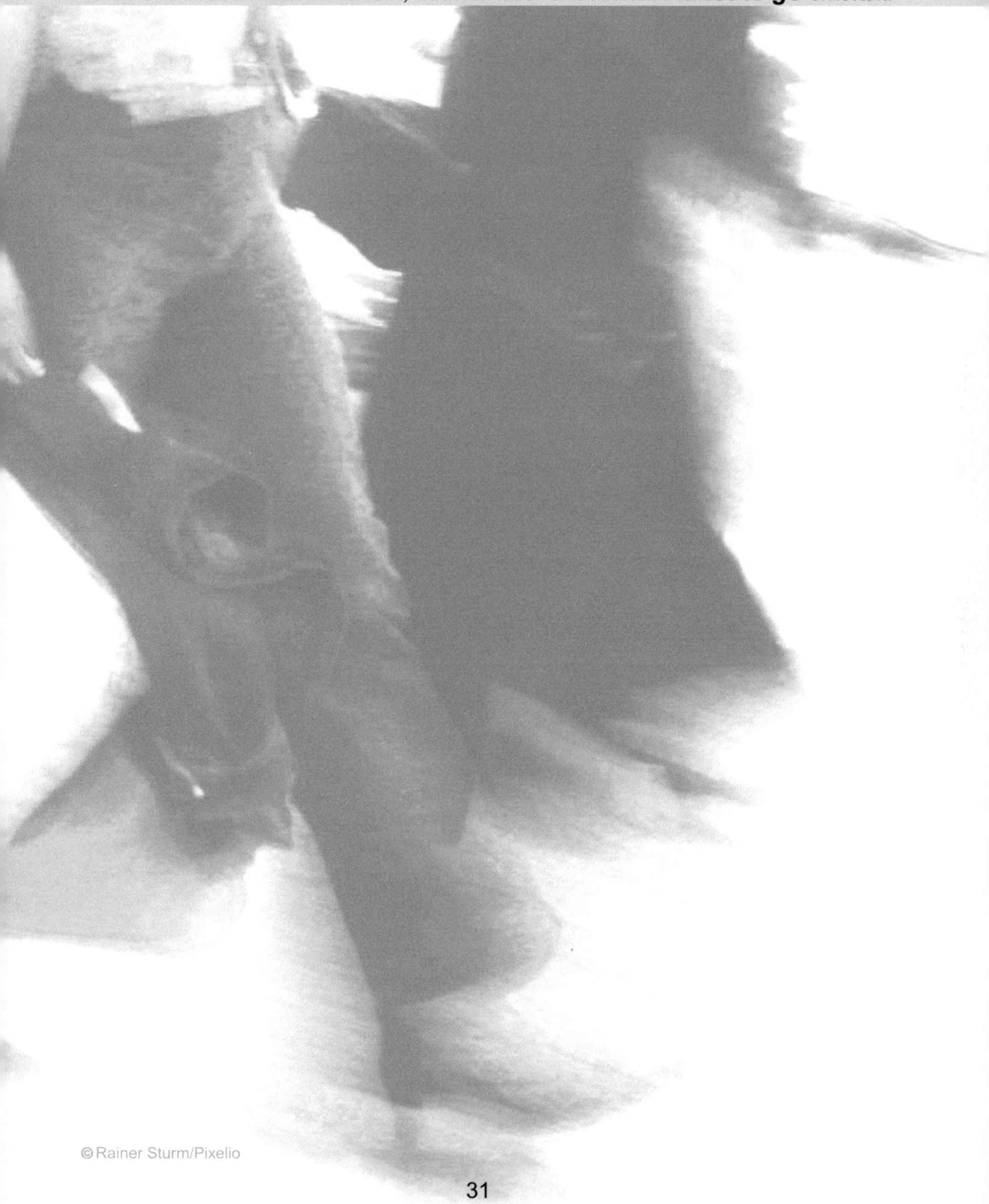

***Style Mona Lisa**, die von Leonarda da Vinci 1503 bis 1506 gemalt wurde. Sie braucht ein neues Gesicht, eine neue Frisur und eine neue Kleidung.*

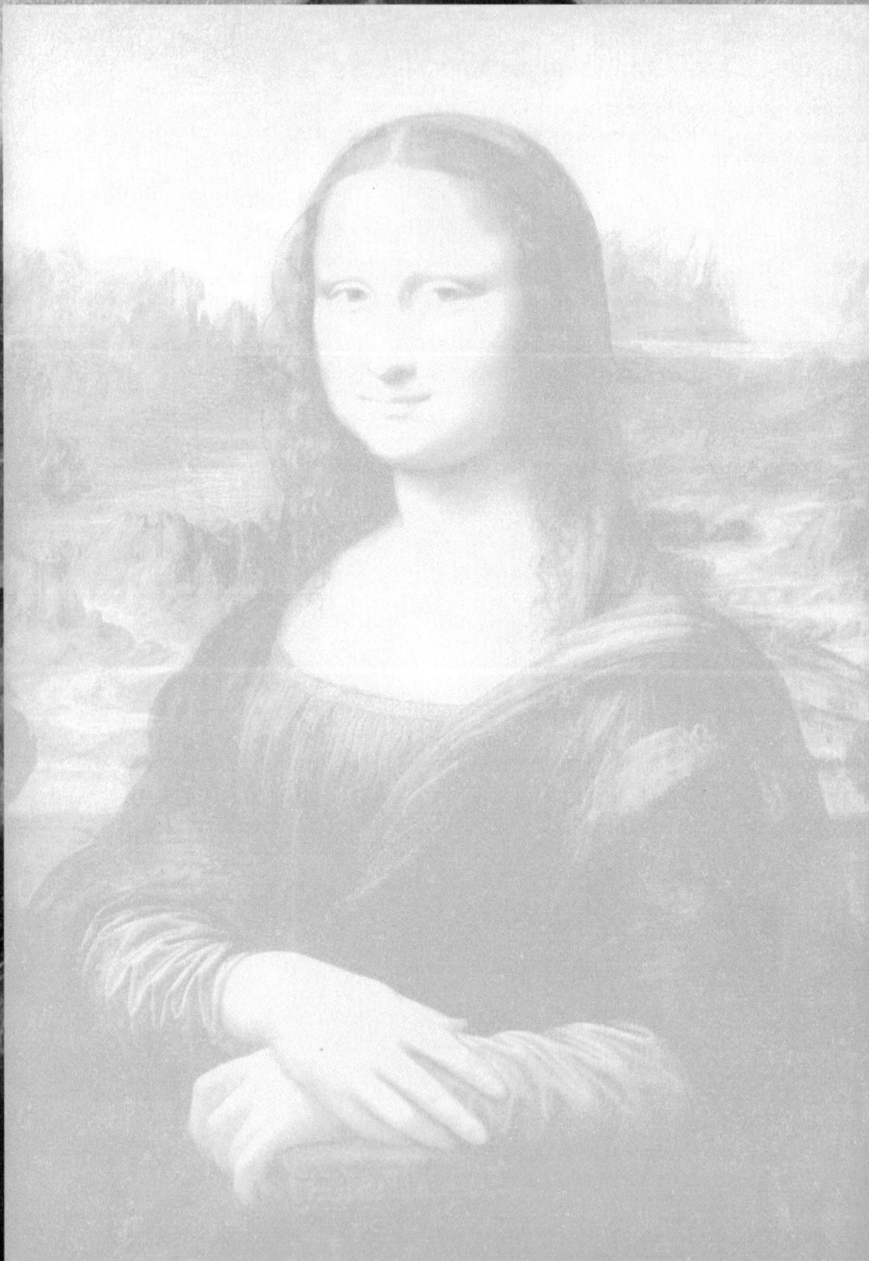

***Faces****, Gesichter. Zeichne deine dazu. Für mehr Gesichter klebe Papierblätter an.*

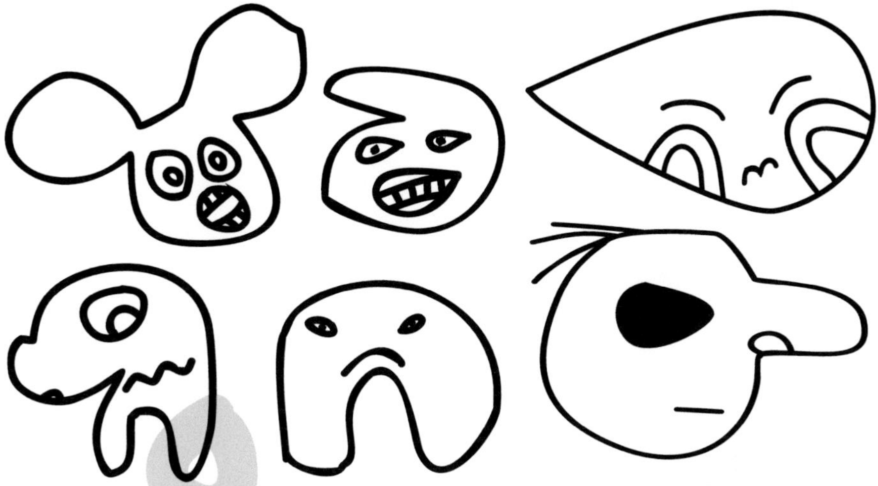

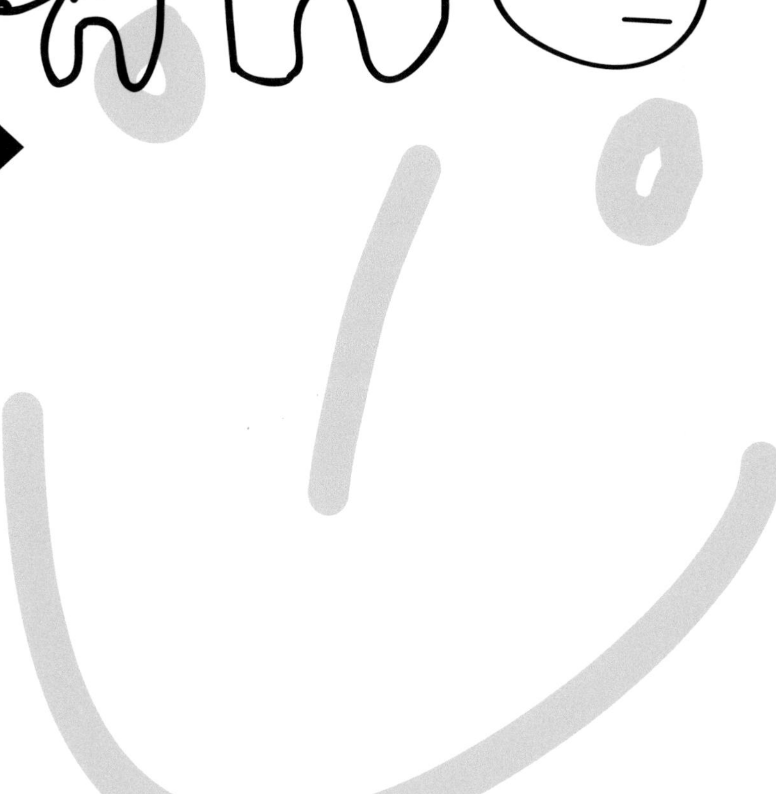

***„Mensch Meier, ich habe eine Idee!“***
***Versetze dich spontan in die Lage der Person, denke kurz oder lange nach und zeichne, schreibe oder klebe nicht ihre, sondern deine ganz einfache Idee oder aber außergewöhnliche Idee in ihre Gedankenblase.***

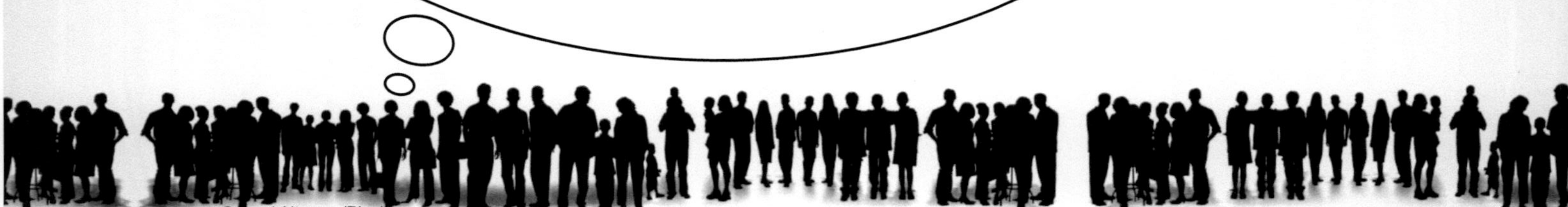

*Es ist egal, zu wem du heute etwas gesagt hast, welche die Rückantwort war, ob es wirklich sehr wichtig war und zu welcher Tageszeit es war. Erinnere dich und schreibe deine Worte oder Sätze in irgendeiner Form schwarzweiß oder kunterbunt in die Sprechblasen. So entsteht dein ganz persönliches* ***Wort- oder Satzwerk****, das amüsant sein könnte.*

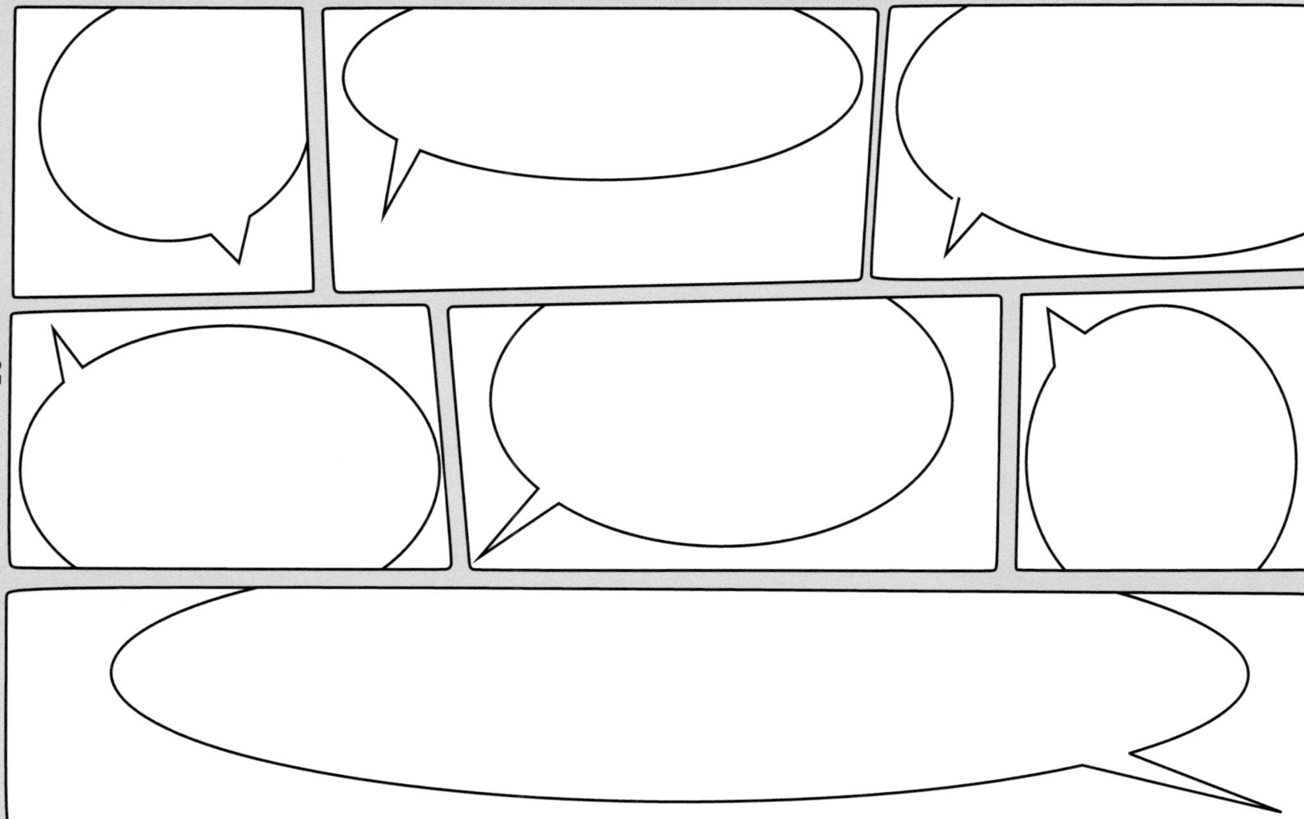

**Kunstfluche**
**und kunstschimpfe**.
*Zeichne dein ganzes Wut- und Aggressionsgefühl mit meinen oder deinen Zeichen in das große Explosionszeichen:*

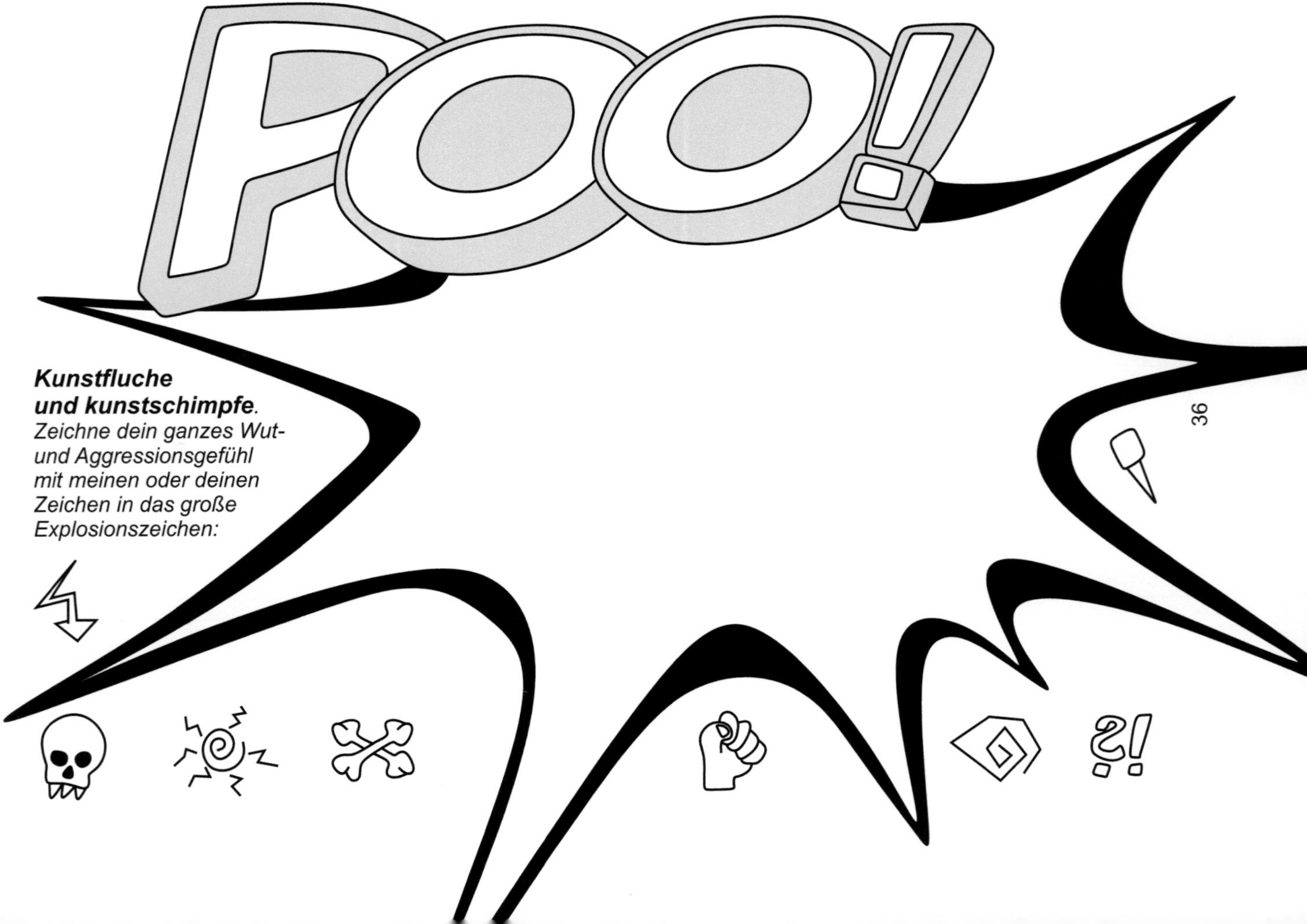

**Zeichne Gestank**. *Rieche einmal an einem Mülleimer. Wenn du dich tagsüber nicht traust, dann mache es in der Dunkelheit. Lasse dich von dem Gestank anregen und zeichne ihn im Kritzelstil. Ein einmaliges Kunstwerk entsteht, das andere staunen lässt. Rechts siehst du mein letztes Ergebnis:*

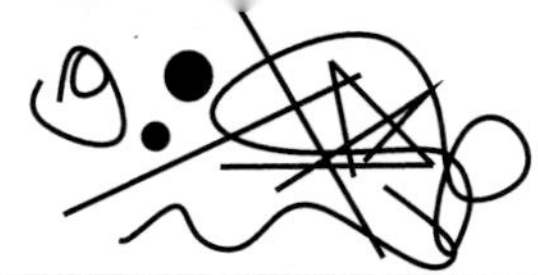

Blume 1

Blume 2

Blume 3

Blume 4

Blume 5

Blume 6

Blume 7

Blume 8

Blume 9

***So zeichnest du den Duft der Blumen**: Rieche an ihnen und zeichne ihren Duft mit einer langen Linie nach, zum Beispiel so:*

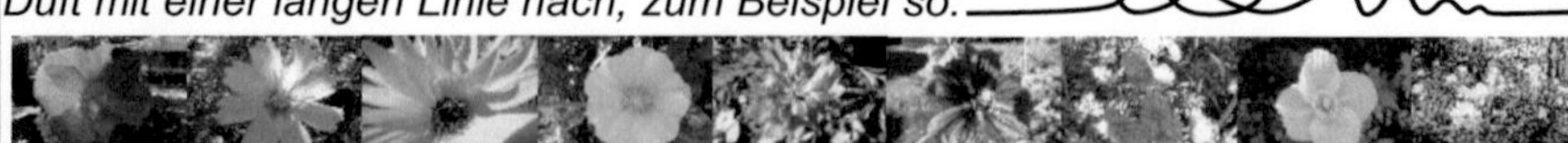

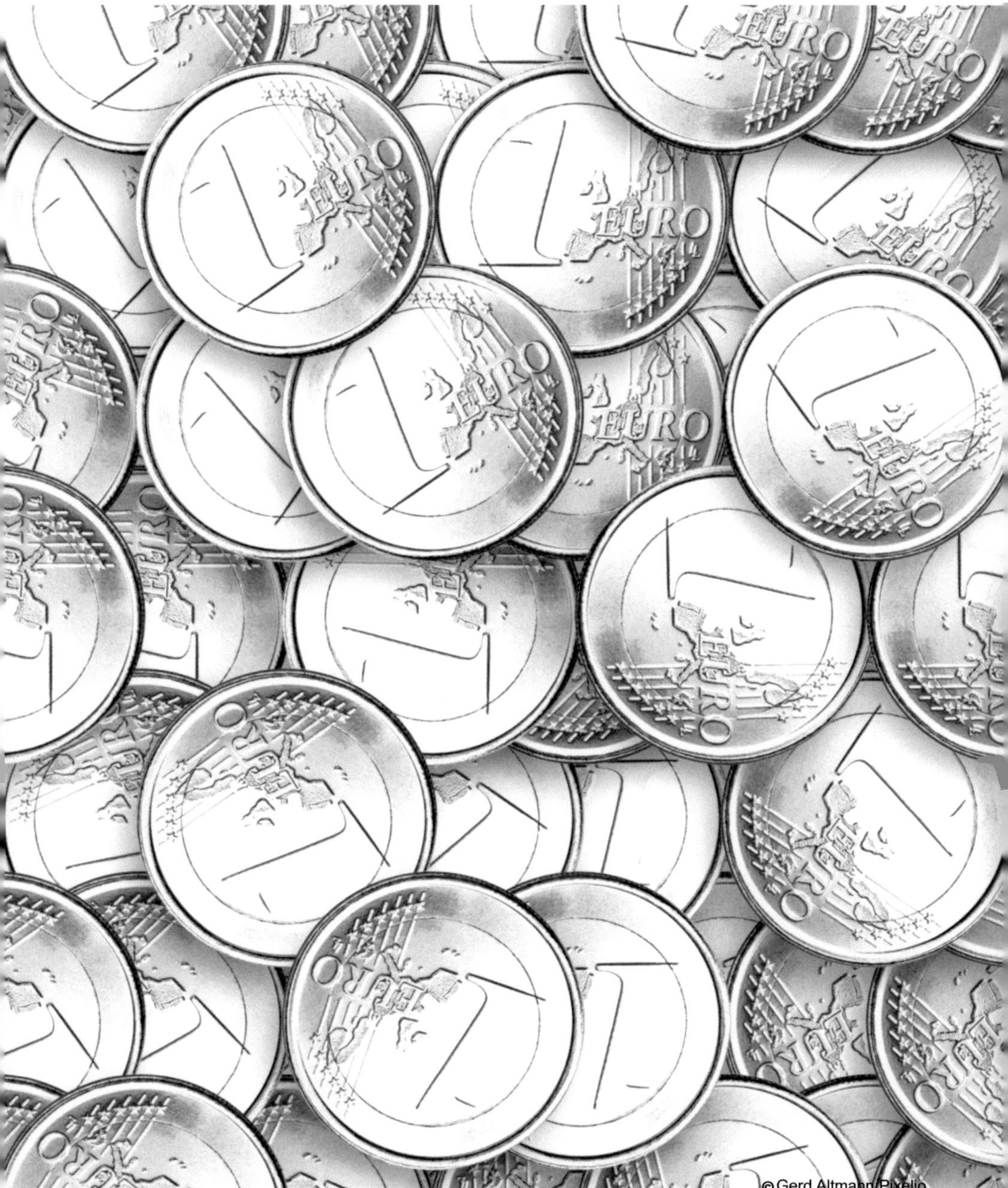


*Im Jahr 2013 habe ich für **eine stille und heimliche Zinserhöhung** gesorgt. Ich habe auf 1000 Ein-Euro-Münzen den für meine Originalgrafiken typischen kleinen Regenbogen gezeichnet, sie wieder in Umlauf gebracht und versprochen, dass jeder, der mir eine dieser von mir persönlich gestalteten Münzen nach zehn Jahren wieder zurückbringt, diese behalten darf und zusätzlich 100 Cent als 100 Prozent Zinsen von mir bekommt. Vielleicht steckt dich die Idee zum Nachmachen mit einem eigenen Motiv an. Zeichne auf jeden Fall etwas auf die vielen hier abgebildeten Münzen.*

***Du bist Flüssigkeitstester**. Spucke eine Probe von dem Flüssigem hierhin, das sich in deinem Mund tagsüber befindet, Kakao, Ketchup, Bratensoße, Gurkensaft oder Salatdressing. Beurteile den Geschmack, indem du in den Fleck ein passendes Gesicht zeichnest ( sehr lecker, geht so, igittigitt). Guten Appetit!*



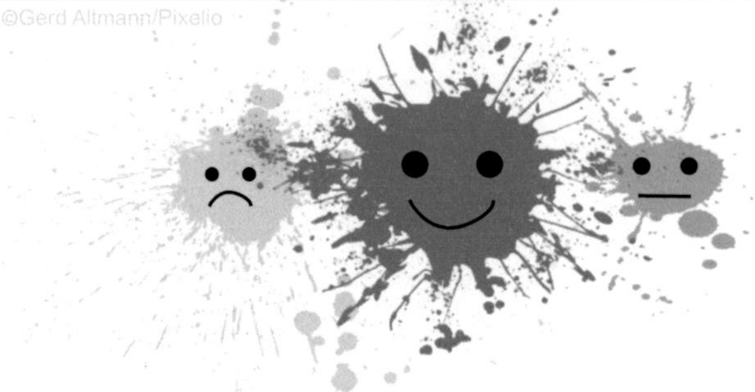

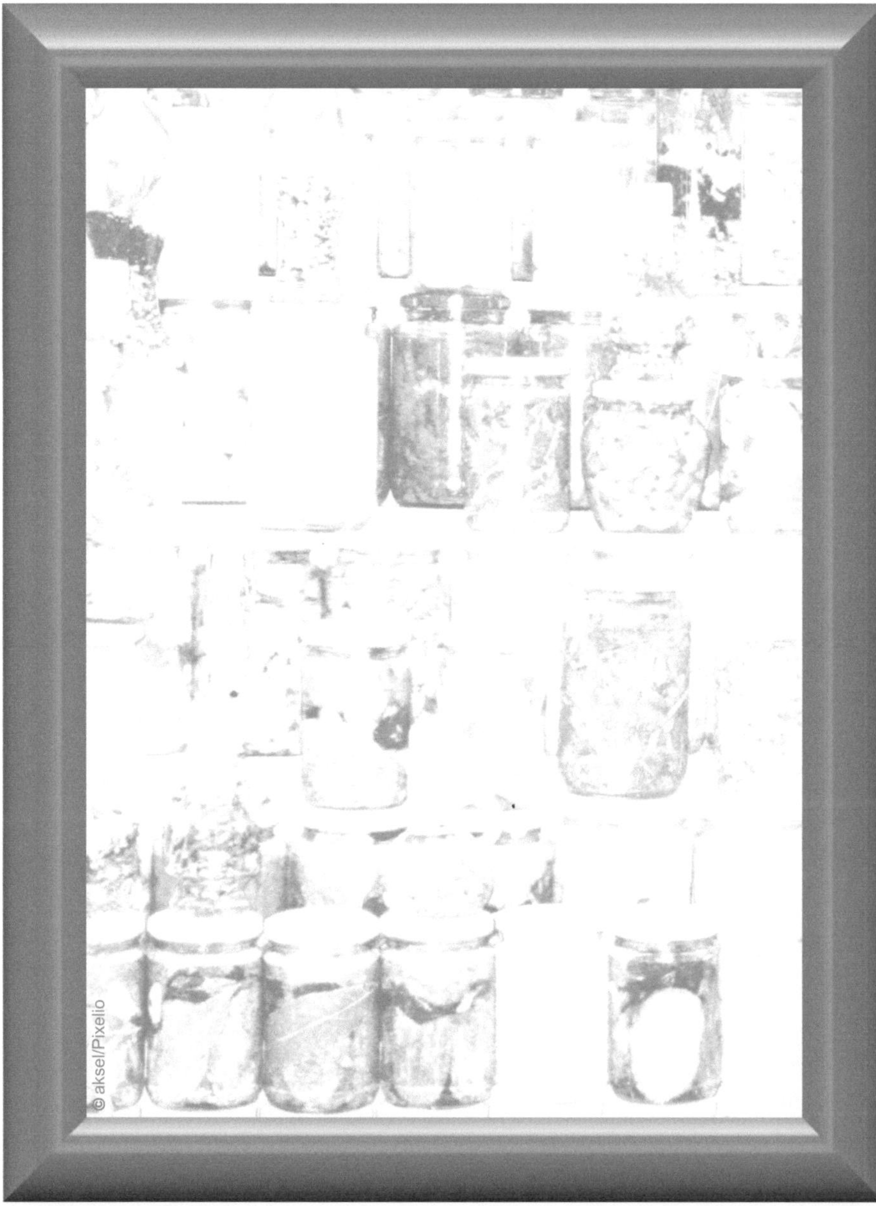


*Mein Künstlerkollege Udo Lindenberg ist berühmt durch seine Alkoholfarbenbilder. Mache es gesünder und **male mit Obst- und Gemüsefarben**. Der Saft von Eingewecktem oder Rohem liefert alle Töne, zum Beispiel Blaubeeren Blau, Rote Bete Rot und Grünkohl Grün. Probiere es hier aus und male dann auf Großformate.*

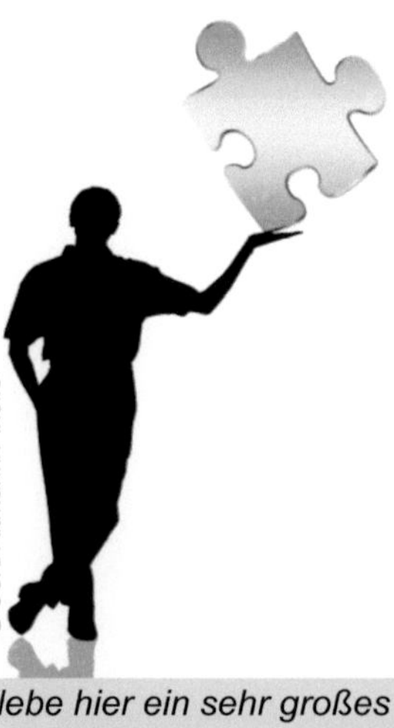



*Klebe hier ein sehr großes Foto von einer Person hin, die dir augenblicklich nicht sehr sympathisch ist, der meckernde Nachbar, der strenge Lehrer, die kritische Chefin, der arrogante Filmstar oder die lügende Bürgermeisterin. Zerschneide es anschließend und benutze es immer als Puzzle.* ***Ich garantiere dir Glück und Zufriedenheit****.*

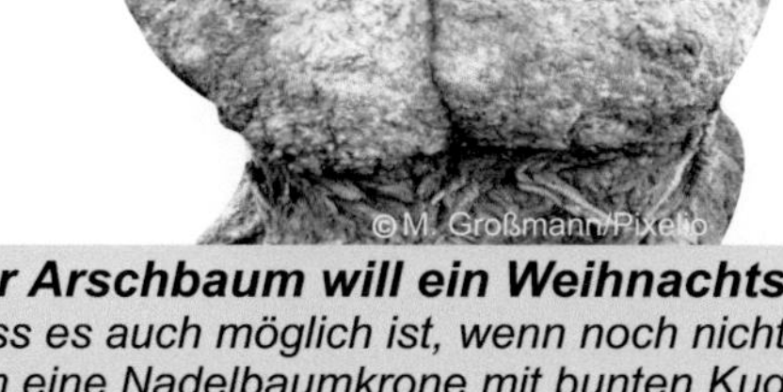


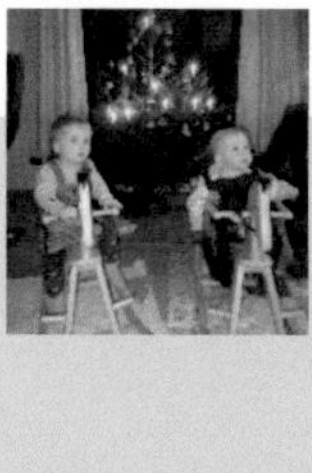

***Der Arschbaum will ein Weihnachtsbaum werden****. Beweise, dass es auch möglich ist, wenn noch nicht Weihnachten ist. Zeichne ihm eine Nadelbaumkrone mit bunten Kugeln, Sternen, Kerzen und mehr und, wenn du es willst, singe ein Weihnachtslied.*

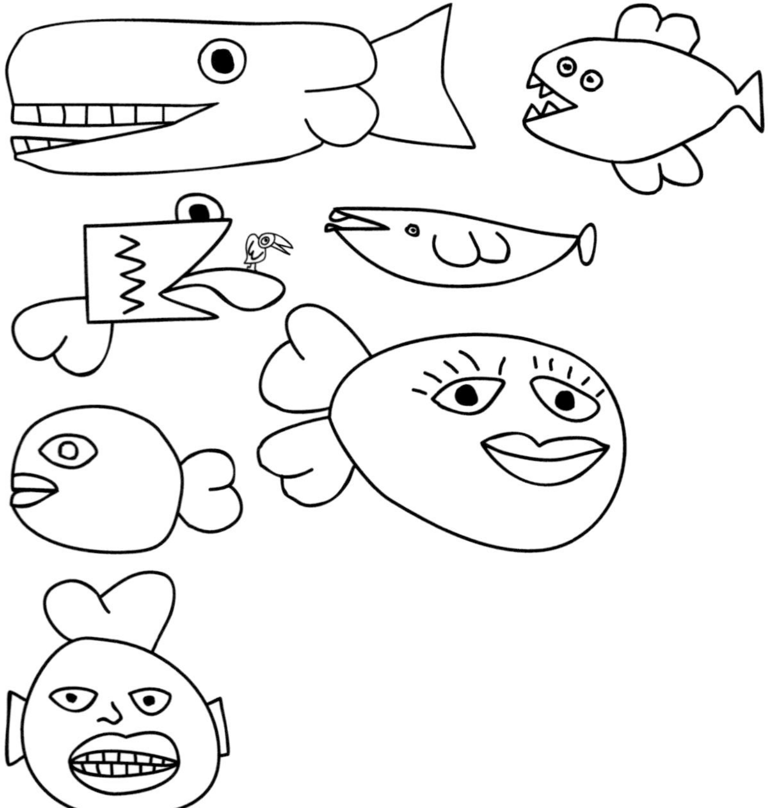

© joakant/Pixelio

***In der tiefen See gibt es die kleinen Popofische**. Male sie an und ergänze noch weitere. Entdecke auch den Geier.*

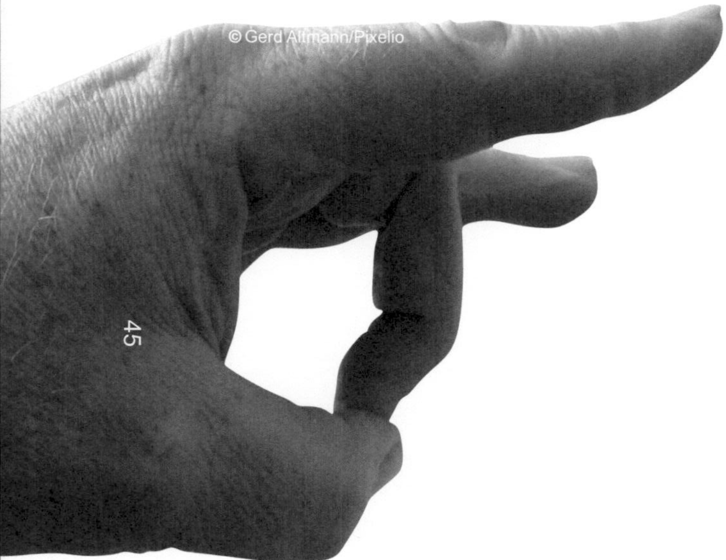





**Es gibt viel wegzuschnippen**, *zum Beispiel Umweltzerstörer, gierige Reiche, verlogene Politiker, zu viel Besitz, ungerechte Gesetze, Atomkraft, Kriege ... Überlege und äußere kunstmutig hier deine Meinung: schreibe, zeichne, klebe ...*

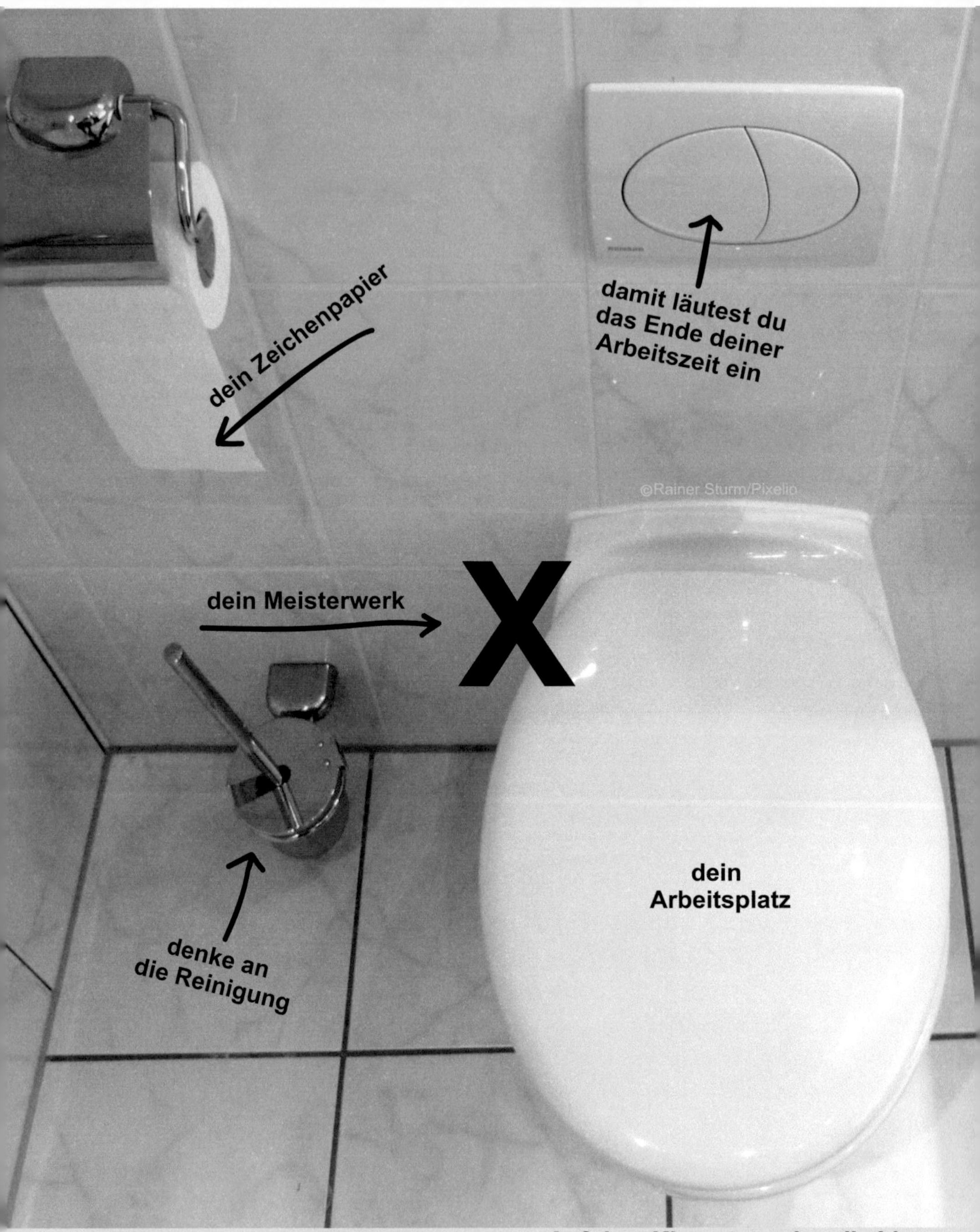


*Ich kann der Aussage nicht widersprechen:* ***Auf dem Klo entstanden die Ideen zu großen Meisterwerken der Kunstgeschichte****. Probiere es doch einfach aus. Setze dich be- oder entkleidet dorthin, reiße einige Blätter Klopapier ab, warte einen kleinen Moment, staune über die dann entstehende Ideenlawine und zeichne und zeichne. Der Ort wird dein Atelier. Klebe ein fertiges Klopapierblatt hierhin (****X****).*

***Horst ist Hase und hat keine Ohren**. Auch fehlt ihm ein Beißzahn. Er schämt sich deshalb so sehr, dass er sich ein wenig oder manchmal auch ganz hinter dem grauen Brett versteckt. Entwirf ihm ein Paar neue Ohren - egal, wie sie aussehen - und zeichne sie ihm an den Kopf. Er würde sich auch über den zweiten Beißzahn freuen. Seine Freundin, die Hannelore heißt, sucht ihn rechts unten.*

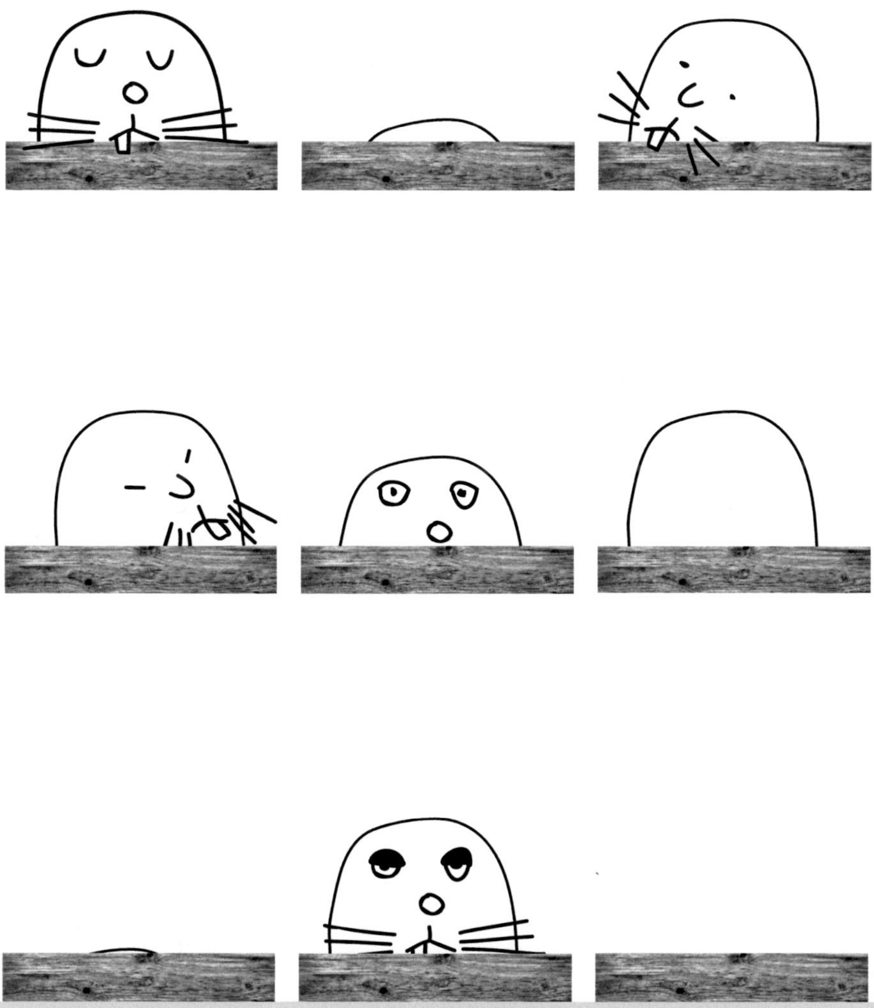

***Kaputtismus*** *geht so: Besorge dir mindestens einen Teller, lass ihn fallen oder mach ihn auf eine andere Art und Weise kaputt, nimm die Bruchstücke und lege sie in eine von dir bestimmten Ordnung irgendwo auf eine Unterlage. Ein Kunststück entsteht, das du durch eine Neuordnung beliebig verändern kannst, wann immer du es willst.*

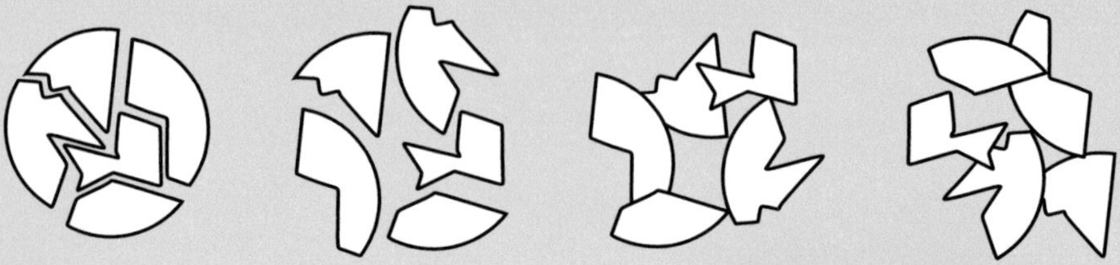

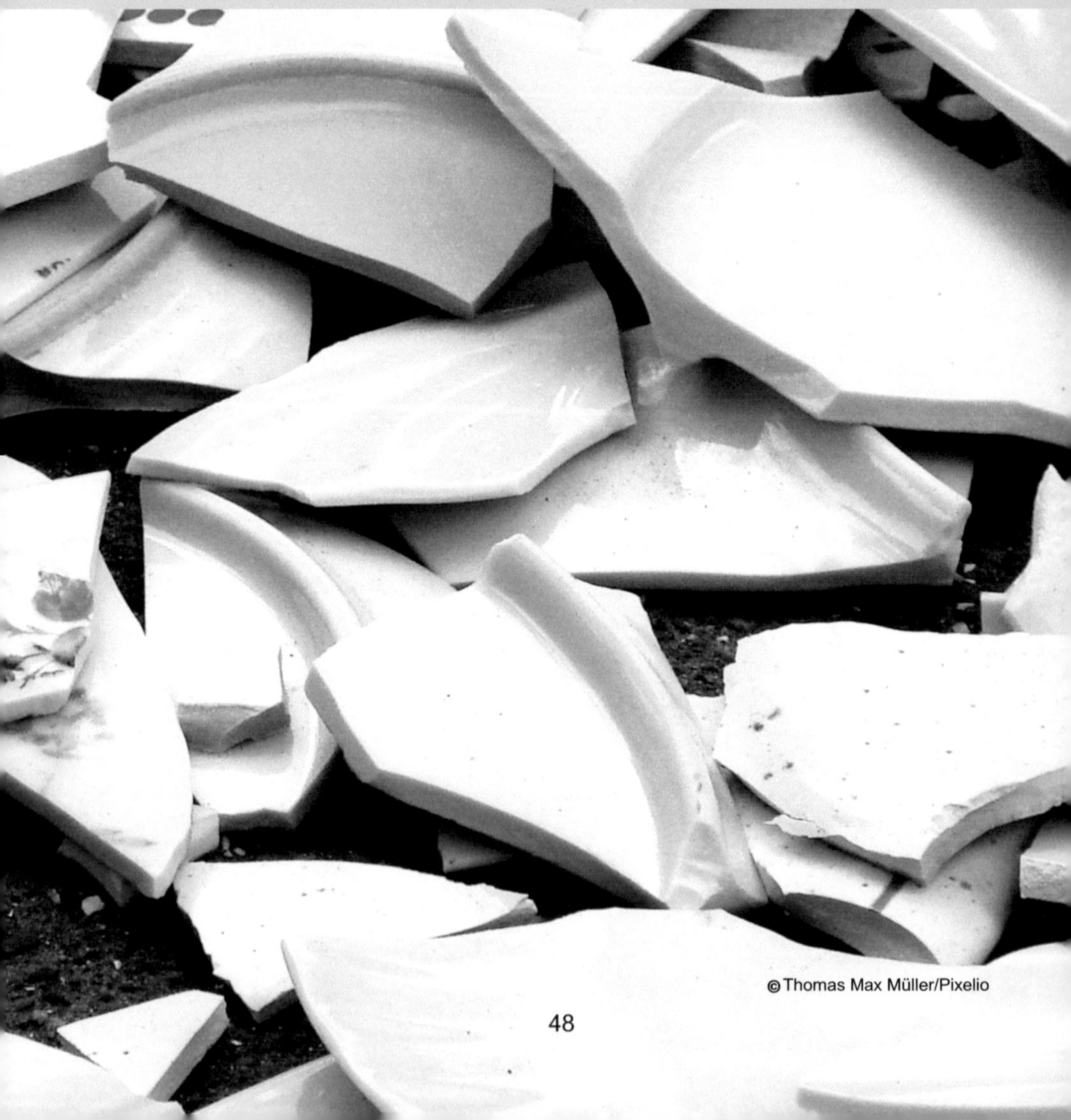

***Suche die Arme der seltsamen Kunstarmlinge.*** *Zeichne 1 Kreis um die mit 1 Arm, 2 Kreise um die mit 2 Armen, 3 Kreise um die mit 3 Armen, 4 Kreise um die mit 4 Armen und noch mehr Kreise um die mit noch mehr Armen. Finde den Kunstarmling mit 6 Fingern an einem Arm und streiche ihm einen Finger weg.*

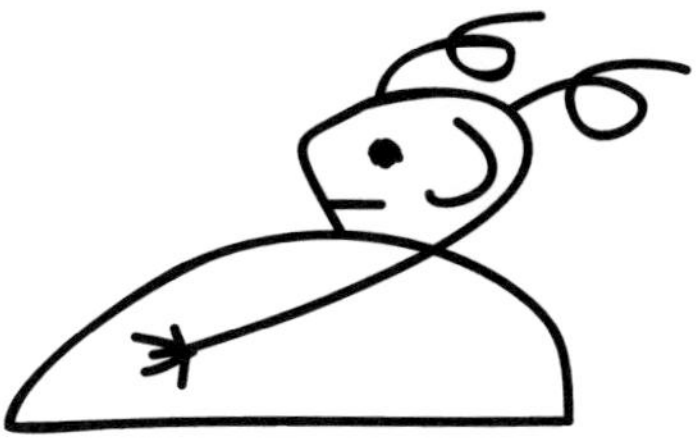
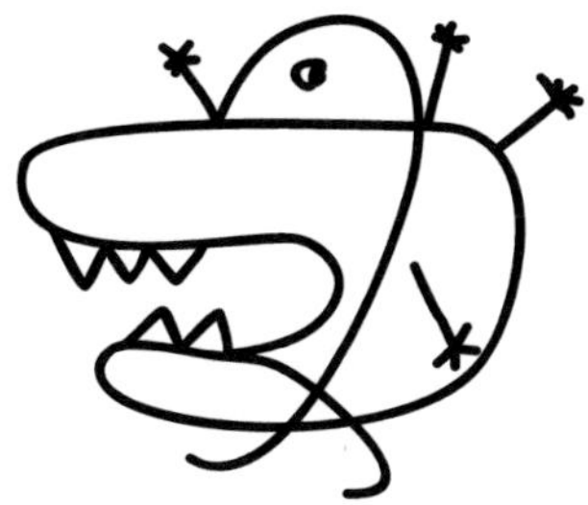
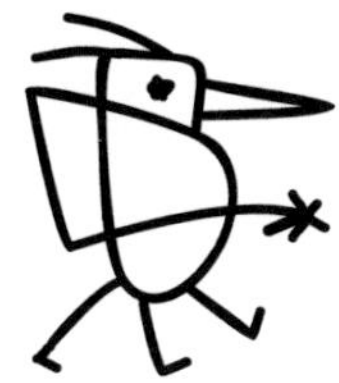
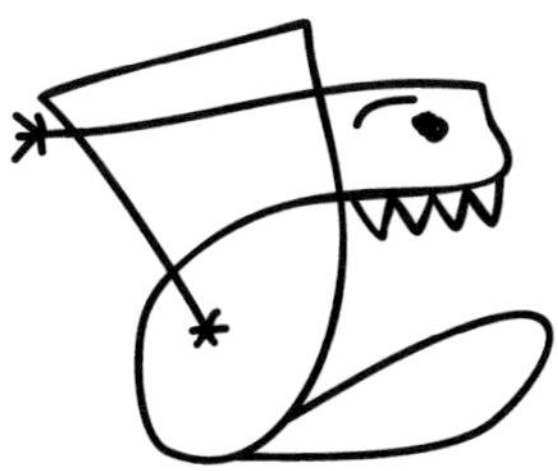
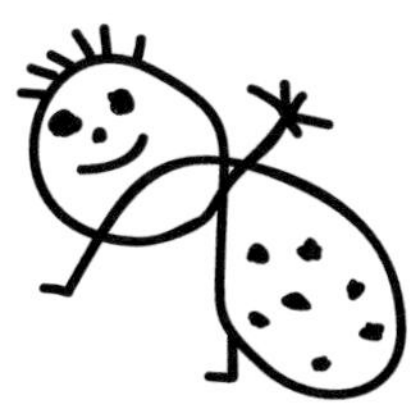
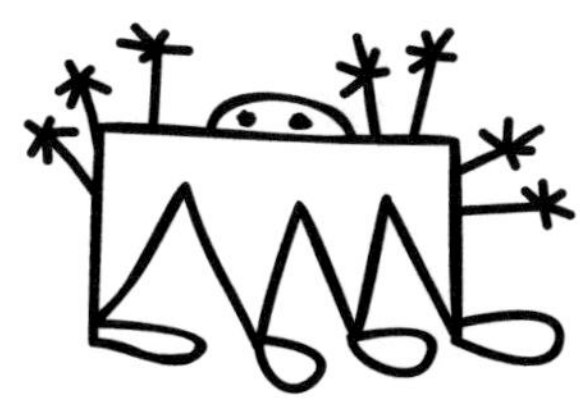
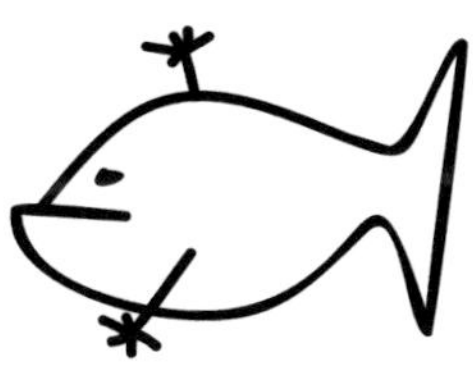
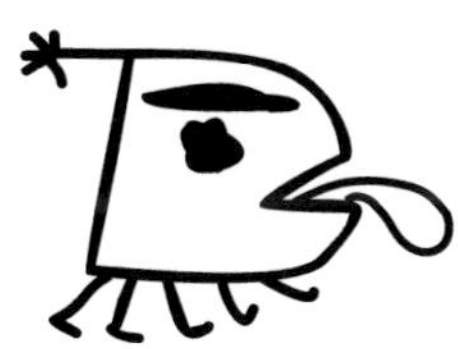
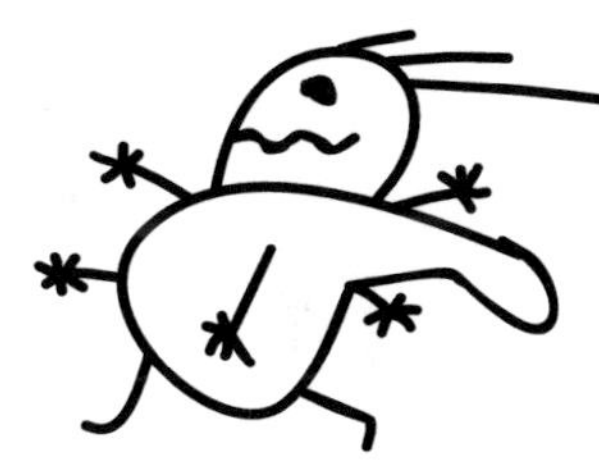
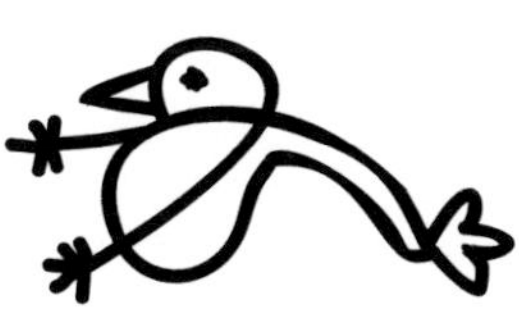
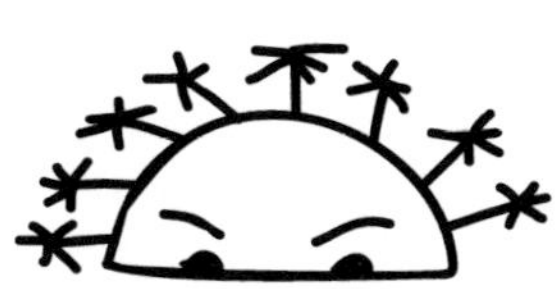
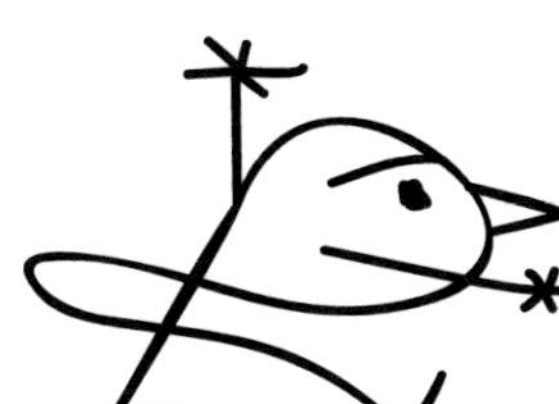
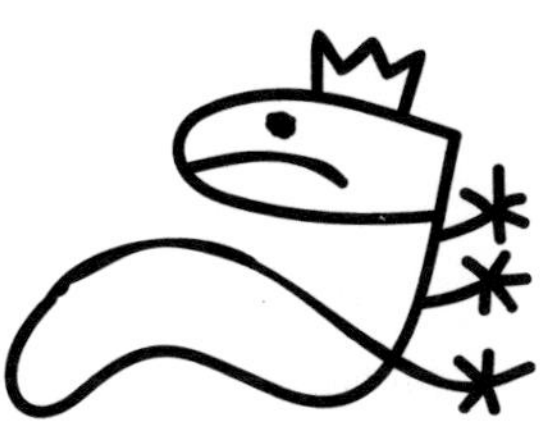
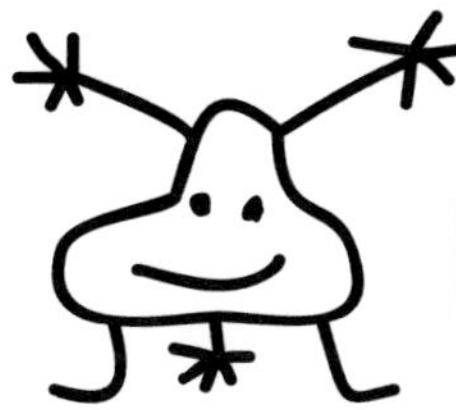

*Zeichne weiter Kunstarmlinge mit 1, 2, 3, 4 und mehr Armen.*

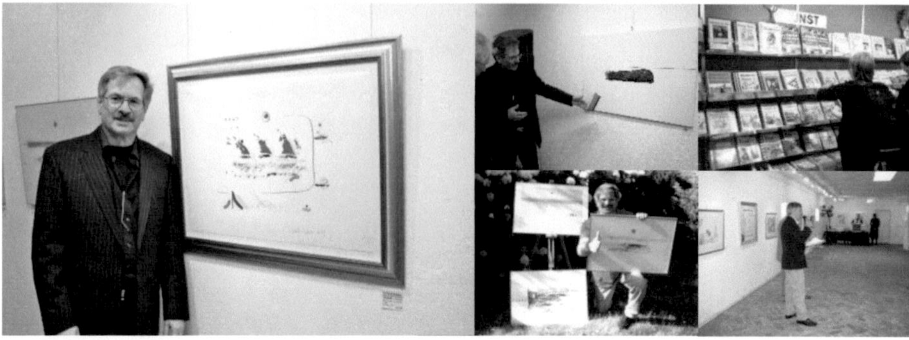

**Eckhard Berger** *Kunstpädagoge, Künstler und Autor*

- Geboren am 6.6.1951 in Brake/Unterweser
- Kunst- und Pädagogikstudium an der Universität Oldenburg in Oldenburg
- Publikationen mit der Kinderbuchautorin Barbara Berger
- Seit 1987 internationale Kunstausstellungen, Vorträge, Events, Kooperationen und Beratung
- Moderne Grafiken, Skulpturen, Designs und Kreativberatung
- Grafikeditionen für Sammler und Kunstliebhaber
- Aktion *Kunst hilft - Bilderspenden für Institutionen und Hilfsprojekte vor Ort und weltweit*

**Autor von zahlreichen Praxisbüchern für einen erneuerten Kunstunterricht in Deutschland, Österreich und der Schweiz, Publikationen und Kunstbüchern für Kinder und Erwachsene**

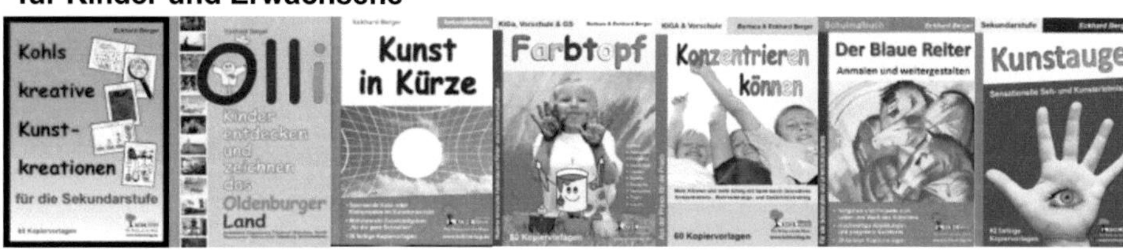


Auswahl
- *Kohls kreative Kunstkreationen 1 - 3, Kerpen 2006*
- *Farbe - Komplette Theorie im modernen Kunstunterricht, Kerpen 2007*
- *Moderne Kunst 1 - 3, Kerpen 2008*
- *Design, Kerpen 2008*
- *Künstler in die Klassen 1 - 3, Kerpen 2008*
- *Olli - Kinder entdecken und zeichnen das Oldenburger Land, Oldenburg 2009*
- *Wir werden Kunstprofi 1 - 2, Kerpen 2009*
- *Kunst in Kürze, Kerpen 2009*
- *Kunstwerke für Schulen 1 - 6, Kerpen 2010*
- *Farbtopf, Kerpen 2011*
- *Bunte Farbe, Kerpen 2011*
- *Konzentrieren können, Kerpen 2011*
- *Kunst fachfremd unterrichten 1 - 2, Kerpen 2011*
- *Kunstmalbücher Claude Monet, Vincent van Gogh, August Macke, Kerpen 2011*
- *Kunstauge, Kerpen 2012*
- *Kunsttipp & Co, Kerpen 2012*
- *Schwungübungen, Kerpen 2012*
- *Kunstmalbücher Blauer Reiter, Henri Rousseau, Kerpen 2012*
- *Buchstaben, Kerpen 2013*
- *Zeichnen können, Kerpen 2013*

Tipp
Eckhard Berger, ***Kunstmutbuch - 10- bis 100-jährige werden garantiert Künstler***, *Berlin 2013*
Eckhard Berger, ***Schlaubuch***, *Band 1 - 5, 5 bis 10 Jahre, Hamburg 2014*

Info ***teamberger@web.de*** ***www.teamberger.de***

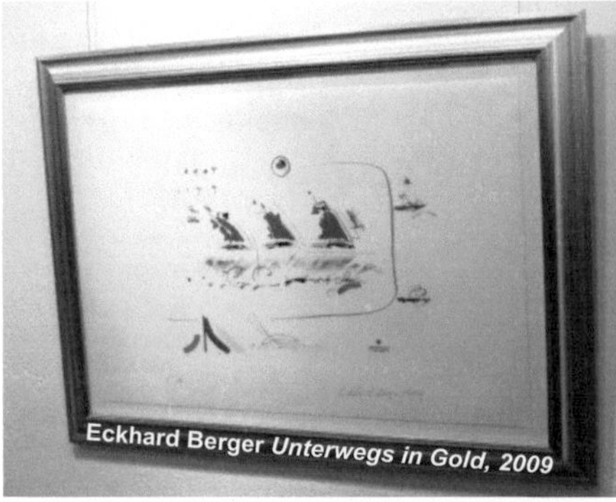

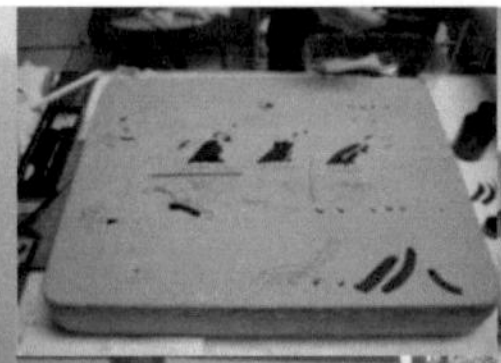
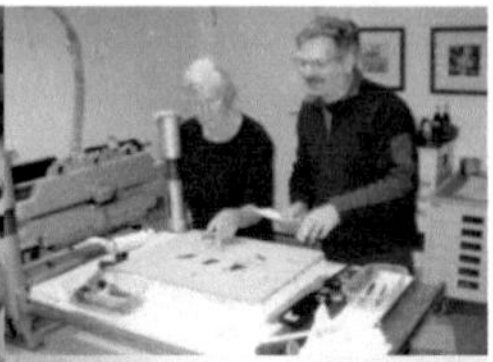
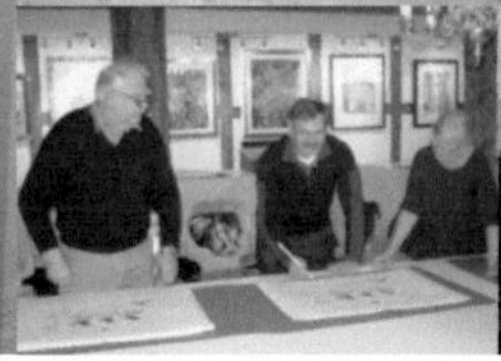
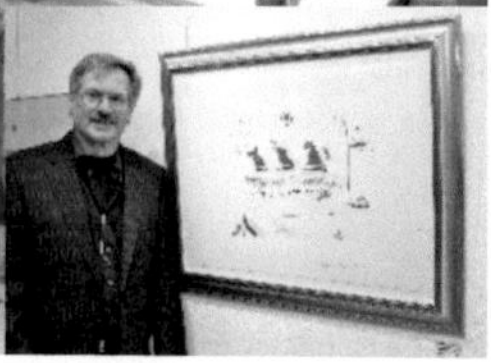

„Die sechsfarbige Grafik ***Unterwegs in Gold*** zählt zu den ersten Lithografien, die in einem klarem Gold im Beisein des Künstlers Eckhard Berger gedruckt wurde, eine Weltpremiere. Der Künstler hat den dafür geeigneten Stein in vielen Arbeitsgängen bemalt, die besonders hohen Qualitätsmerkmale mit der darauf spezialisierten Grafikwerkstatt festgelegt, ein hochwertiges Kunstpapier (300 g/qm) gewählt, jede Grafik kontrolliert, datiert, nummeriert und handsigniert. Die Auflage ist auf 30 Exemplare (70 cm/50cm) streng limitiert und zum Verkauf freigegeben.“

Subskriptionspreis 490 €/Exemplar

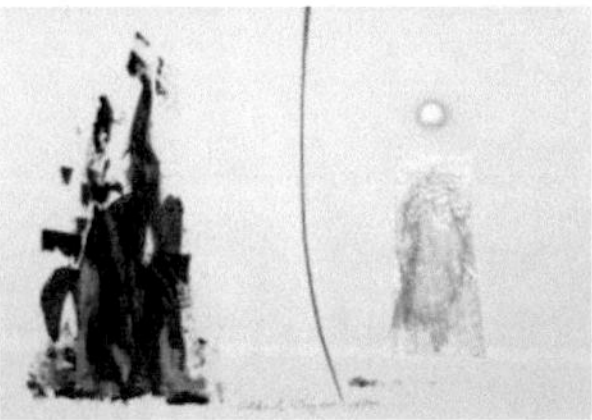
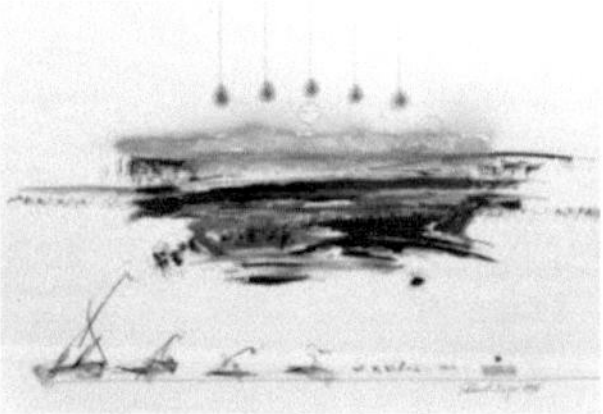
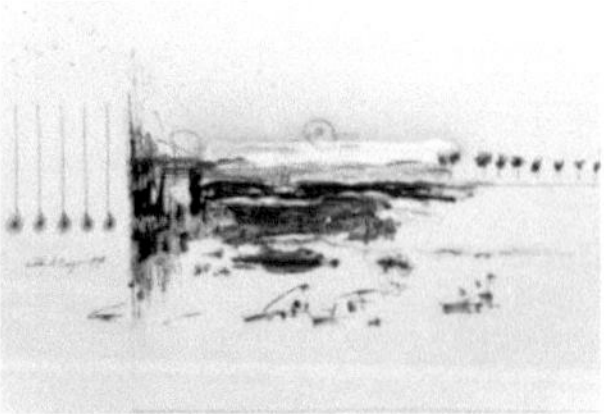
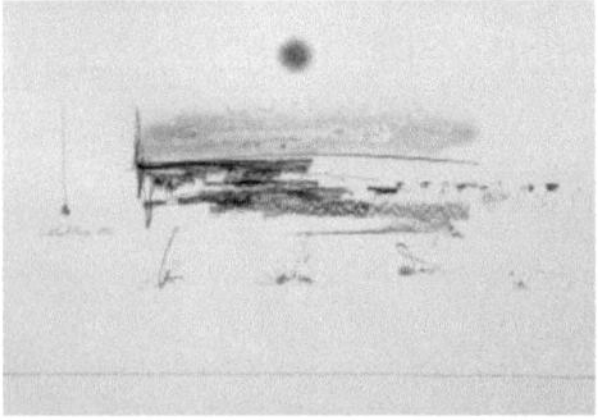
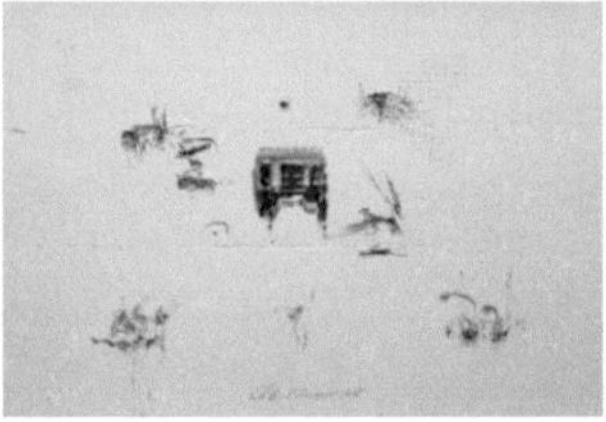
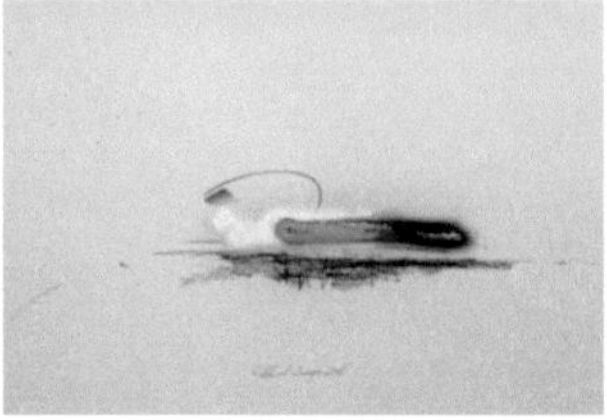
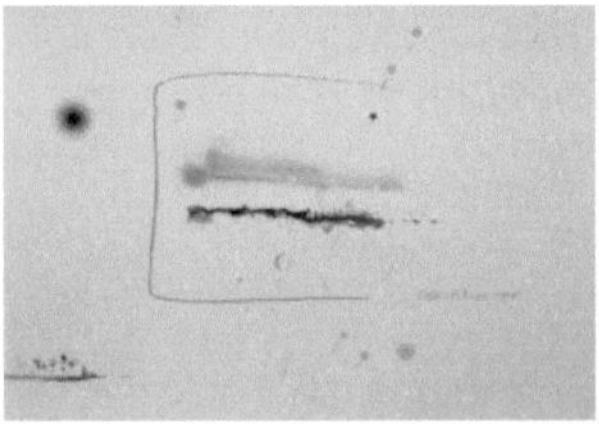
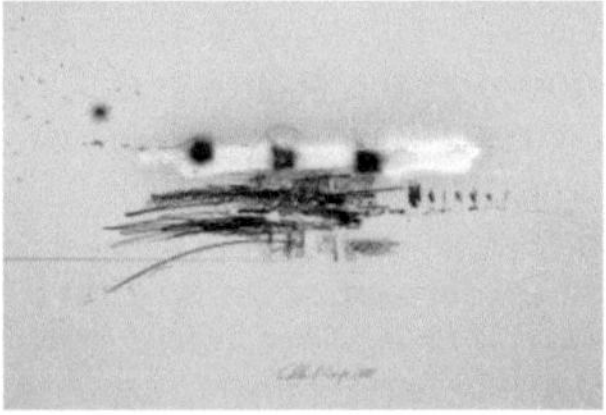
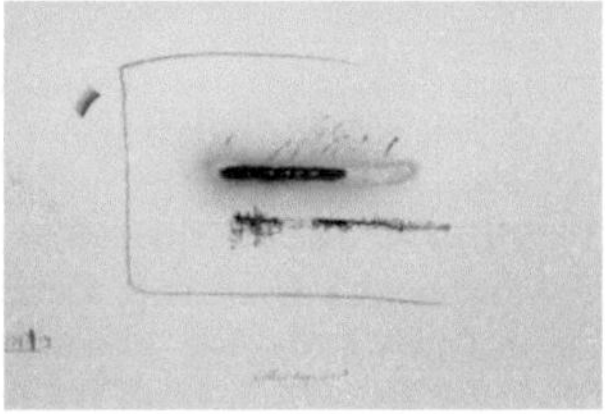